.LIBRAIRIE FIRMIN-DIDOT ET Cⁱᵉ, 56, RUE JACOB, A PARIS

LA
CÉRAMIQUE JAPONAISE

PAR

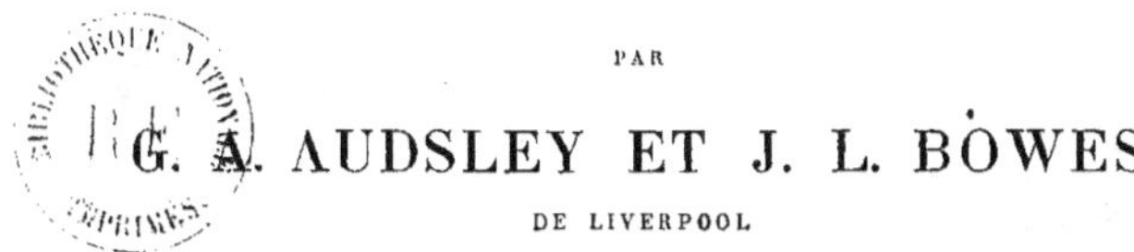

G. A. AUDSLEY ET J. L. BOWES

DE LIVERPOOL

ÉDITION FRANÇAISE

PUBLIÉE SOUS LA DIRECTION DE M. A. RACINET

TRADUCTION DE M. P. LOUISY

QUARANTE PLANCHES EN COULEURS, OR ET ARGENT

VINGT-TROIS PLANCHES EN AUTOTYPIE ET PHOTOLITHOGRAPHIE

AVEC UN TEXTE FRANÇAIS COMPRENANT :

1° UN ESSAI SUR L'ART JAPONAIS EN GÉNÉRAL
2° UNE ÉTUDE HISTORIQUE ET DESCRIPTIVE
SUR LES DIVERSES PRODUCTIONS DE LA CÉRAMIQUE AU JAPON
DEPUIS LES TEMPS LES PLUS RECULÉS JUSQU'A NOS JOURS

ET DE NOMBREUSES GRAVURES SUR BOIS DANS LE TEXTE

OUVRAGE PUBLIÉ EN SEPT LIVRAISONS

Prix de chaque livraison. . . . . **25** fr. | Prix de l'ouvrage entier par livraisons. **175** fr.

Lorsque l'ouvrage sera terminé, le prix de l'exemplaire sera porté à **225** francs

PROSPECTUS

Le goût, aujourd'hui si répandu, des belles collections d'objets d'art, a développé, par une conséquence naturelle, celui des études qui retracent l'histoire de ces objets, en font connaître les procédés de fabrication, et aident à en discerner la valeur par le lieu d'origine ou l'époque à laquelle il convient de les attribuer.

L'art si curieux des Japonais, et en particulier l'application de cet art à la Céramique, ne pouvaient être négligés dans cet ordre d'idées, et l'on pourrait citer de nos jours plus d'une étude remarquable dont cette branche de la curiosité a été l'objet.

Mais ce qui distingue entre tous l'ouvrage que nous présentons aujourd'hui au public, c'est d'avoir rendu les investigations des auteurs saisissantes et palpables par des exemples bien choisis, empruntés aux plus beaux spécimens de chaque époque et de chaque provenance, rendus avec toute la perfection que comporte l'état actuel de nos moyens de reproduction.

Pour bien faire comprendre la pensée des auteurs, nous emprunterons à leur préface les lignes qui suivent :

« Il n'est personne qui n'ait, en examinant les œuvres de l'art japonais, été frappé de la grande beauté des produits céramiques, ainsi que du sentiment délicat qui partout règne dans leur décor. Leur haute valeur artistique, et en particulier une aptitude rare à exprimer les choses de la nature, les avait signalés à l'attention des gens de goût de l'Europe, bien avant que la fantaisie des collectionneurs songeât à en enrichir leurs cabinets ; et ce n'est pas trop d'ajouter que le dessin et le coloris en ont été appréciés par beaucoup d'artistes célèbres.

« Sans aller si loin, nous voyons que l'art décoratif a, dans tous ses genres, largement mis à profit la connaissance des méthodes japonaises ; mais, selon notre conviction, les progrès de l'ornementation seront encore plus sensibles à mesure qu'on étudiera en grand et de plus près, dans l'atelier comme à la fabrique, les chefs-d'œuvre de l'art japonais. L'ouvrage dont nous annonçons la publication a pour objet de décrire et d'illustrer les plus élégants modèles de la Céramique japonaise, et nous sommes assurés qu'en l'adressant aux artistes, c'est mettre entre leurs mains un recueil d'un intérêt supérieur et où ils auront occasion de puiser plus d'un motif original, plus d'une pensée féconde. Aux curieux et à tous ceux qui aiment les arts de l'Orient, l'ouvrage se recommande de lui-même et par ses notions pratiques et par le fini de l'exécution. Pour les industriels et les peintres décorateurs qui désirent satisfaire au plus tôt le goût du public pour le genre japonais, cet ouvrage nous paraît être un *vade-mecum* indispensable. Un soin minutieux a été apporté à la préparation des planches, de façon à mettre en relief, avec le plus d'exactitude possible, les détails d'ornementation, ce qui contribue à faire de l'ouvrage un manuel étendu de l'ornement japonais.

« Il n'existe pas en librairie de livre particulièrement consacré aux productions artistiques du Japon ; ceux qui traitent en général de la Céramique sont incomplets sur ce qui concerne les porcelaines de ce pays. C'est donc une lacune considérable que nous avons eu l'ambition de combler par notre publication.

« On pourra s'assurer, d'après les sources abondantes auxquelles nous avons puisé, que les types supérieurs sont éparpillés par toute l'Europe, dans les musées et chez les particuliers ; aussi est-ce pour l'artiste ou l'amateur une tâche pénible d'obtenir des renseignements sans une énorme dépense de temps et d'argent. Avec le présent ouvrage l'artiste et l'amateur auront la besogne faite, et, grâce aux résultats d'une patiente étude poursuivie pendant plusieurs années, ils y trouveront des éléments précis d'information sur ce qu'il leur importe le plus de connaître.

« Le texte se divise en deux parties distinctes. La première, qui sert d'introduction, est un essai sur toutes les branches de l'art décoratif au Japon, avec des planches phototypiques et des bois, dont les sujets ornent des papiers de tenture, des cuirs de luxe, des tissus, des dessins, des reliures, etc. Quant à l'ensemble des objets naturels, fleurs, arbres, oiseaux, animaux, poissons, coquillages, eaux, rochers, montagnes, qui composent le riche matériel des peintres japonais, il sera traité en détail ainsi que leurs différentes manières de les interpréter. Les bêtes symboliques et fabuleuses, les personnages et les conceptions mythologiques seront également passés en revue. Après ces notions générales, qui forment une étude nourrie de faits et de pensées, vient l'histoire spéciale de la Céramique au Japon ; c'est la seconde partie. Dans autant de chapitres séparés on parle des grands centres de production, connus sous les noms de Fizen, de Kioto, de Satsuma, de Kaga, d'Oouari, d'Aouadji, d'Isé, etc., etc. L'ouvrage se termine par un intéressant travail sur les marques et empreintes des porcelaines anciennes et modernes. »

Qu'il nous soit permis ici de nous féliciter, dans un sentiment non-seulement personnel, mais en quelque sorte patriotique, de ce que les honorables auteurs et éditeurs de cet ouvrage, jaloux de donner à l'exécution de leur œuvre le plus haut degré de perfection possible, soient venus chercher chez nous un concours que nous avons été heureux de leur donner pour l'exécution de la partie la plus importante du recueil, c'est-à-dire des planches coloriées.

C'est en effet dans nos ateliers et d'après les objets originaux eux-mêmes qu'ont bien voulu nous confier MM. Audsley et Bowes que les planches lithochromiques devant figurer dans les deux éditions anglaise et française, ont été exécutées par des artistes français, MM. Baüer, Durin, Spiegel, Lestel, Dulong, Leveil, Chataignon, Audet, etc., sous l'habile direction de M. Racinet, dont la réputation en ce genre n'est plus à faire, après le succès de ces deux grandes publications de notre maison, par lui dirigées, l'*Ornement polychrome* et le *Costume historique*.

Nous espérons que le public compétent reconnaîtra, dans l'ouvrage qui lui est présenté aujourd'hui, le dernier mot du rendu et de l'effet que peut atteindre ce genre de reproduction. Des planches noires autotypiques et photolithographiques, exécutées en Angleterre avec beaucoup de soin, complètent un ensemble qui ne laissera rien à ignorer de ce qu'il est important de connaître sur cette face remarquable de l'art et de la curiosité.

AVIS

La première livraison de notre édition française est en vente;

Les deuxième, troisième et quatrième paraîtront avant la fin de l'année 1877;

Les cinquième, sixième, septième et dernière, en 1878.

Paris. — Typographie Firmin-Didot et Cie, 56, rue Jacob. — 6209

LA

CÉRAMIQUE JAPONAISE

IMPRIMERIES TYPOGRAPHIQUE ET LITHOGRAPHIQUE DE FIRMIN-DIDOT ET Cⁱᵉ

LA
CÉRAMIQUE
JAPONAISE

PAR

G. A. AUDSLEY & JAMES L. BOWES

DE LIVERPOOL

ÉDITION FRANÇAISE

PUBLIÉE SOUS LA DIRECTION DE M. A. RACINET

TRADUCTION DE M. P. LOUISY

PARIS

LIBRAIRIE DE FIRMIN-DIDOT ET Cie

IMPRIMEURS DE L'INSTITUT

56, RUE JACOB, 56

1877

PARIS

TYPOGRAPHIE ET CHROMOLITHOGRAPHIE DE FIRMIN-DIDOT ET C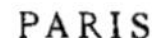

56, RUE JACOB, 56

LA CÉRAMIQUE JAPONAISE

PAR

G. A. AUDSLEY & JAMES L. BOWES

DE LIVERPOOL

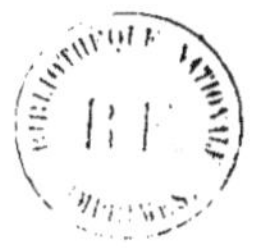

ÉDITION FRANÇAISE

PUBLIÉE SOUS LA DIRECTION DE M. A. RACINET

TRADUCTION DE M. P. LOUISY

TOME PREMIER

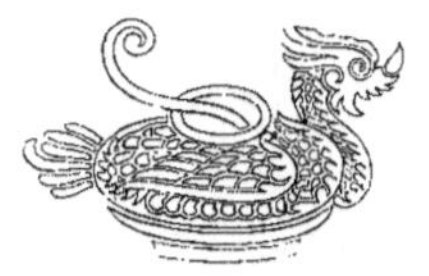

PARIS

LIBRAIRIE DE FIRMIN-DIDOT ET Cⁱᵉ

IMPRIMEURS DE L'INSTITUT

56, RUE JACOB, 56

1880

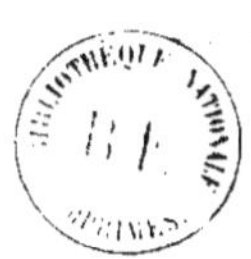

PRÉFACE DES AUTEURS

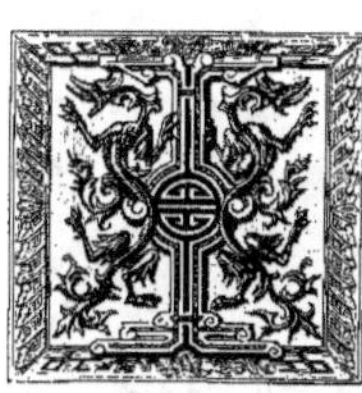

L n'y a probablement pas de sujet plus intéressant pour l'antiquaire ou l'amateur, et qu'il soit plus difficile de traiter d'une manière à peu près satisfaisante, que celui qui embrasse les œuvres et les tendances artistiques des Japonais. Aussi réclamerons-nous tout d'abord l'indulgence du lecteur pour les fautes et omissions qu'il pourrait rencontrer dans cette rapide introduction à l'art japonais en général, ainsi que dans l'essai sur l'art céramique au Japon en particulier.

Convaincus que l'image, dans les matières de ce genre, offre bien plus d'avantages et d'intérêt que la description pure et simple, nous nous sommes efforcés, en tirant parti de toutes les ressources de l'art moderne, de placer sous les yeux du public une série d'illustrations plus fidèles et plus soignées que celles qui ont paru jusqu'à ce jour sur un tel sujet. Afin d'obtenir une exactitude rigoureuse, on a fait le plus grand usage de la photographie ; par ce moyen, les figures de l'Introduction ont été reproduites, soit d'après les objets mêmes, soit d'après les dessins empruntés des ouvrages japonais. Pour toutes les planches en couleur, la photographie nous a fourni en premier lieu les réductions qui ont servi ensuite à déterminer les proportions des magnifiques chromolithographies. C'est avec les sentiments de la plus vive reconnaissance que nous payons un juste tribut d'éloges à M. A. Racinet, sous l'habile direction duquel toute l'illustration en couleur a été faite, d'après les objets eux-mêmes, dans l'établissement spécial fondé par MM. Firmin-Didot et Cⁱᵉ, à Paris. Quant aux planches noires, elles ont été tirées en autotypie, d'après les objets photographiés.

L'Introduction de cet ouvrage est une sorte de cadre où nous avons exposé des considérations générales sur l'art céramique au Japon, sujet qui aurait pu être susceptible d'un développement plus étendu, car les matériaux s'accumulent de jour en jour, au point d'en devenir embarrassants. Malheureusement il a fallu, pour le rendre de quelque utilité, le restreindre aux limites du présent ouvrage.

Dans la seconde partie, consacrée à l'Art céramique proprement dit, nous avons été aux prises avec de grandes difficultés. Chaque source d'informations, chaque renseignement avait

*besoin de contrôle ; il fallait rechercher, puis examiner les collections particulières de l'Angle-
terre et de l'étranger ; tenir compte des autorités indigènes, sans les admettre aveuglément,
et tout en notant leurs assertions souvent contradictoires ; enfin, composer pour notre usage
exclusif une collection nombreuse et aussi complète que possible.*

*Au cours de notre œuvre sont indiquées les sources où nous avons plus particulièrement
puisé. Les auteurs modernes qui ont écrit sur le Japon, c'est un fait assez remarquable, ne nous
ont absolument rien appris sur l'industrie céramique du pays ; sur ce point, les travaux des
contemporains, en les comparant à ceux de Kœmpfer et de Siebold, sont d'une pauvreté pénible.
On se demande si, à défaut de ces voyageurs infatigables, nos connaissances n'auraient pas été
réduites de moitié sur l'histoire naturelle, les mœurs, les coutumes et l'industrie générale
du Japon.*

*Sans parler de nos propres recherches, nous avons parcouru avec fruit les rapports des
Commissions japonaises aux Expositions universelles de 1876 à Philadelphie et de 1878 à
Paris, ainsi que celui qui a été rédigé sous la surveillance du gouvernement japonais pour le
musée de South Kensington, à Londres ; ils nous ont fourni sur les fabriques des données
précises qu'il eût été impossible d'obtenir ailleurs. Nous avons beaucoup de plaisir à
reconnaître le bienveillant concours des nombreux amis japonais qui nous ont procuré tant
de précieux renseignements, et nous citerons spécialement les noms de MM. Sandjo, Minami,
Yochiyama, Yamanobi, Tsouboutchi, Ota et Foukagava.*

*Dans l'Art céramique, nous avons entrepris un travail que nous croyons nouveau, celui
consistant à classer toutes les variétés connues de la porcelaine et de la faïence japonaises.
C'était une œuvre d'étude et de patience qui exigeait, en même temps que de la circonspection,
un examen scrupuleux des originaux, tels que nous pouvions les voir sur le marché ou dans les
cabinets publics et privés, et surtout des pièces importées en Occident depuis l'Exposition de
1867 à Paris. La vive impression qu'à cette époque produisit sur nous la vue des admirables
ouvrages de la céramique japonaise nous détermina à tourner de ce côté nos études. On nous
a rappelé qu'il y avait déjà eu en 1862, à l'Exposition de Londres, une réunion semblable de
produits japonais, formée par les soins de sir Rutherford Alcock ; nous n'en pouvons rien dire
de particulier, bien que nous l'ayons visitée alors, ainsi que d'autres intéressantes collections de
l'art oriental. Autant que nous sachions, elle passa, pour ainsi dire, inaperçue et sans attirer
l'attention d'aucun critique, excepté peut-être de M. John Leighton, qui fit, en 1863,
à l'Institution royale de la Grande-Bretagne, une lecture sur l'art japonais. « Le compartiment
« japonais de l'Exposition universelle, disait-il à ce sujet, assez encombré du reste, a été fort
« bien distribué par sir R. Alcock, à qui l'on est redevable des objets qui s'y trouvent réunis. »
Acceptons cette brève allusion comme un point de départ, si l'on veut ; il n'en reste pas moins
hors de doute que la merveilleuse collection envoyée en 1867 à Paris par le dernier taïkoun
a mis en pleine lumière un art national jusqu'alors profondément négligé. Non-seulement elle
donna une impulsion féconde aux tentatives de nos artistes, mais, depuis cette date, on étudia le
Japon avec ardeur parmi les savants et les gens de goût, et notre connaissance de ce pays
s'améliora d'année en année.*

L'incertitude de l'orthographe japonaise nous a jetés dans un embarras dont, nous l'avouons franchement, il nous a été impossible de sortir. En vain avons-nous eu recours aux écrivains spéciaux, ils n'ont pas levé la difficulté. Sans essayer d'imposer nos propres théories, nous nous sommes contentés de citer textuellement et selon l'orthographe suivie par les ouvrages et les cartes que nous avons consultés. On a formulé des objections sur cette manière de procéder, mais, quoique nous ayons l'espoir, dans un prochain abrégé de cet ouvrage, de régulariser l'orthographe conformément à un plan arrêté, nous avons préféré retarder l'exécution de ce projet jusqu'à ce qu'une méthode claire et précise ait été adoptée par les philologues. Qu'il existe bien des doutes sur cette question, il est aisé de s'en convaincre par un seul mot, celui de Siogoun (Taïkoun), que différentes autorités écrivent Shogoun, Shôgoun, Shôgun, Shogun, Siogoon, Shiogoon, Sjôgun, *etc.*

Nous ne terminerons pas cette préface sans adresser de sincères remerciements à nos nombreux amis, et en particulier aux collectionneurs, qui ont consenti à se séparer pendant de longs mois de leurs trésors artistiques, envoyés à Paris pour y être reproduits et mis en couleur. Si nous n'avions trouvé tant d'empressement à mettre à notre disposition les pièces nécessaires pour l'illustration, il nous aurait été impossible de venir à bout de notre entreprise, et d'offrir le présent ouvrage à nos souscripteurs dans un ensemble aussi satisfaisant.

Liverpool, 25 décembre 1879.

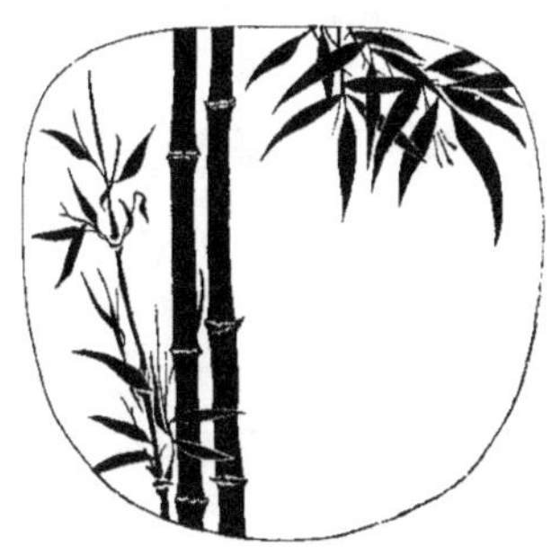

INTRODUCTION.

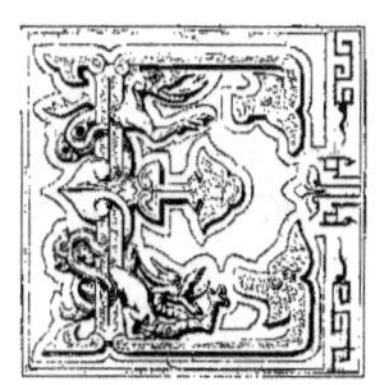 N Europe on connaissait peu de chose sur l'art japonais avant l'ou-
verture de l'Exposition universelle de 1867, à Paris. Attachantes et
instructives comme l'étaient toutes les sections contenues dans cet
immense palais des arts et de l'industrie, il s'en trouvait peu, s'il
y en avait même, de plus séduisantes pour l'amateur et de plus fé-
condes en idées que celle qui était consacrée aux productions variées
de l'empire du Japon. Le choix en avait été fait par une commission
japonaise, sous la surveillance du dernier taïcoun et dans l'intention de mettre en pleine
lumière les œuvres de la nature et de l'homme dans ce pays. A une exception près
(celle des émaux cloisonnés, qui n'offraient rien d'équivalent à ce qu'on a reçu en Europe
depuis la chute du taïcoun), l'ensemble était parfait, et chaque branche du genre qui nous
est familier était dignement représentée. Jamais collection semblable n'a été rassemblée ni
avant ni depuis, et l'on doit regretter qu'elle n'ait pas été conservée intacte dans quelque
galerie nationale pour faciliter les recherches de tous ceux qui aiment l'art oriental. Destinés à la vente, les objets envoyés ont passé entre les mains de nombreux collectionneurs;
il y en a dans toute l'Europe, en Angleterre surtout, et plusieurs pièces des plus caractéristiques ont servi de modèles pour les planches du présent ouvrage.

Avant 1867, notre connaissance de l'art japonais avait pour base principale les curiosités
vendues en Europe par les marchands hollandais, les cadeaux offerts aux différentes ambassades qui avaient visité le Japon, et les objets rassemblés et décrits par de rares voyageurs,
Kæmpfer et Siebold entre autres. Les importations des Hollandais consistaient presque entièrement, en tant que choses d'art, en porcelaines de deux sortes : l'une avec des dessins rouge,
bleu et or et désignée sous le nom de *vieux Japon;* l'autre, tout en bleu à sujets, ou quelquefois avec des ornements bleus et d'autres appliqués, en rehaut, coloriés et dorés. C'est à

Dresde, au palais Japonais, qu'on peut voir la plus remarquable collection de ces marchandises. Les objets donnés aux membres des différentes ambassades consistaient en riches costumes, soieries et laques. Où sont enfouies aujourd'hui ces belles choses? il est, sauf de bien rares exceptions, impossible de le dire. Quant aux trouvailles des premiers résidents, elles n'ont pas été nombreuses, bien que d'une haute valeur; malheureusement elles ont été dispersées avec leurs propriétaires sur tout le globe et demeurent en conséquence hors de la portée du simple amateur.

Siebold a certes plus fait que tout autre voyageur en nous donnant des renseignements sur les productions de l'art et de la nature au Japon; mais la partie la moins méritoire de ses travaux est celle qui concerne l'art. Le musée qu'il a formé à Leyde n'offre pas, en effet, grande ressource, parce qu'il est principalement consacré aux produits du sol ou de l'industrie du pays dans lequel il a passé tant d'utiles années de sa vie. On se rendra aisément compte, par ce que nous venons de dire, des mille difficultés qui assaillirent l'amateur désireux de s'enquérir des efforts intellectuels d'un peuple avec lequel existaient des relations si restreintes, jusqu'au moment où la première collection de ses œuvres magistrales vit le jour à Paris. Combien n'est-il pas à regretter qu'il n'ait pas alors été rédigé un catalogue raisonné de cette collection magnifique qui, depuis les fiers cavaliers resplendissants sous leur armure d'acier damasquiné, lamée de soie et d'or, embrassait tous les caprices de l'imagination jusqu'à la mignonne coupe à saki et à la feuille du papier le plus commun, dont quelques traits de pinceau finement jetés faisaient toute la valeur! En outre, les sources à consulter font défaut, et la collection ne semble plus vivre que dans la mémoire de certains esprits délicats qui ont été tirés de leur indifférence par tout ce qu'il y avait là de beau, d'imprévu et de fécond en idées.

Aucun des Européens qui ont été au Japon n'a pris la peine d'écrire sur l'art un traité spécial, et, si l'on s'avisait d'extraire des nombreux ouvrages relatifs à ce pays, aux mœurs et coutumes de son peuple, les passages qui se rapportent aux arts, on en ferait à peine un maigre recueil. Personne, en effet, n'a songé à visiter le Japon dans l'unique dessein de s'occuper de l'art et de l'éducation artistique des habitants, et cela est infiniment regrettable; car, si profonds sont les changements opérés sous nos yeux par l'influence de la civilisation moderne et par les relations commerciales que, dans un jour très-prochain, il ne restera presque rien de l'art original ni des méthodes séculaires qui nous permette de combler les lacunes de nos connaissances.

L'entreprise d'une enquête sur les arts d'une nation si ingénieuse et si bien douée est une tâche assez importante et assez noble pour tenter un gouvernement. Que la France ou l'Angleterre l'eût accomplie sous l'impression de la curiosité légitime excitée par l'exposition de Paris, notre modeste travail fût devenu sans objet, et la littérature artistique de l'Occident en eût retiré un grand bénéfice. Pourquoi les directeurs du musée de Kensington ont-ils négligé une si belle occasion? Peut-être essayeront-ils de faire quelque chose alors que le Japon d'autrefois n'existera plus; et, en outre, nous serons bien excusables de demander à quoi ils songeaient en laissant vendre à Londres, aux enchères publiques, la plupart des pièces rares de la collection de Paris, sans en acquérir aucune pour leur importante galerie. Ainsi, les deux cavaliers dont nous avons parlé, n'ont pas coûté au marchand de curiosités qui les a eus la valeur d'un de leurs sabres ou de leurs éperons; ils ont servi depuis, croyons-nous, à enrichir une des collections de Vienne. Notre intention, en composant cet essai, a été de donner au public, sous une forme concise, les renseignements obtenus par nous sur l'art japonais, soit par les réponses des indigènes que nous avons interrogés, soit par les relations de voyage, soit enfin par une étude personnelle de plusieurs années.

De quelque point de vue qu'on l'examine, l'art japonais présente un caractère d'originalité qui le distingue de celui des autres nations de l'Asie.

Si l'on jette un coup d'œil sur une carte de l'extrême Orient, la proximité de deux empires, comme la Chine et le Japon, suggère naturellement l'idée de grandes similitudes dans les mœurs et coutumes d'abord, puis dans les arts respectifs. Tel n'est point le cas cependant : ils n'ont guère de sympathies l'un pour l'autre, et l'on surprend de bien rares traits de ressemblance entre les produits de leur travail. Dans l'exécution des œuvres d'art, alors même qu'il y a presque identité de matériaux, on constate, en plus d'un exemple, tant et de si graves différences, qu'on serait tenté de croire que jamais aucun rapport n'a rapproché les deux peuples et qu'ils sont physiquement séparés par de vastes mers ou des déserts infranchissables. On ne saurait mettre en doute la réalité des communications qui, sous une forme quelconque, ont relié la Chine au Japon, bien avant l'arrivée des marchands européens dans ce dernier pays; mais ce qu'elles ont duré ou si elles ont été amicales, on l'ignore. Quoi qu'il en soit, il est certain que l'art n'en a rien ressenti d'un côté ni de l'autre, car, en comparant avec soin les produits similaires, on ne trouve nulle part trace d'imitation servile.

Ce défaut de sympathie artistique s'explique par de bonnes raisons, quand on se remet en mémoire d'une part le caractère profondément conservateur des Chinois et la haute opinion qu'ils ont d'eux-mêmes à ce point de croire le monde entier plongé dans l'erreur et leur empire seul maître de la vérité, et quand on observe, d'autre part, combien les Japonais, si prompts à s'assimiler, ainsi que le prouvent des faits récents, les avantages d'une civilisation supérieure, ont trouvé peu de chose à emprunter à leurs voisins. Leur art décoratif, leurs fabriques, égalaient, surpassaient même à certains égards ceux de la Chine, et leur goût, nourri par un vif sentiment et une observation constante de la nature, était plus pur que celui des vaniteux artistes du Céleste Empire. Plusieurs détails qui se répètent dans l'ornementation japonaise se rencontrent également chez les Chinois et peuvent, à une époque lointaine, leur avoir été empruntés; mais, quant aux idées, l'influence réciproque est nulle, et si particulière est la façon de traiter par ces deux peuples des objets semblables, qu'on éprouve à peine une légère hésitation à décider de leur provenance.

On ne saurait jeter un simple coup d'œil sur le vaste domaine de l'art japonais sans être frappé du tendre sentiment qui respire dans ses interprétations de la nature. La nature, voilà le maître de cet artiste! il l'étudie avec amour, il surveille d'un regard attentif son mystérieux travail, il saisit au vol les caprices de son humeur ou de ses métamorphoses, et chaque secret de la merveilleuse ouvrière, chaque expression de sa face ondoyante, il les grave dans son esprit pour les reproduire sur chacune des œuvres qui sortent de ses mains. Qu'il s'agisse d'un animal ou d'une plante, il s'inquiète du mouvement à rendre, puis des formes et des couleurs les plus favorables; et, cela fait, avec quelle hardiesse et quelle vérité il exprime ce qui a flatté son goût !

Un trait non moins remarquable du caractère japonais est un penchant inné au grotesque et une verve singulière à en traduire les effets. Presque tous les genres de son talent en portent la marque, et il n'est pas rare de le voir tomber dans la charge et, par une foule de transitions insensibles, dans la représentation des obscénités.

Outre l'admirable génie qu'il déploie pour rendre les formes de la nature, vivante ou morte, selon les exigences de son sujet, notre artiste fait preuve d'une originalité peu commune dans le dessin géométrique et autres formes conventionnelles, ainsi que dans l'application qu'il convient d'en faire à la décoration des surfaces de toute sorte. Ce genre modeste, à cause même de son origine primitive, nous servira de point de départ dans l'esquisse que nous avons commencée sur l'art japonais.

Chez tous les peuples les premiers essais d'ornementation ont dû, sans contredit, être d'une simplicité extrême et participer naturellement plutôt de la forme angulaire que de la courbe, tels, par exemple, que peut en suggérer la chute accidentelle de morceaux de bois, ou le travail de l'osier, ou le treillis d'une hutte; cela peut suffire à expliquer l'apparition des ornements en zigzag ou grecques dans les ébauches de presque toutes les nations de l'antiquité. Des modèles de grecques sont fréquemment introduits dans l'art japonais sous forme de bordures et d'arabesques, et l'effet en est toujours satisfaisant. L'examen critique d'un grand nombre de pièces tend à prouver que l'artiste juge avec un tact infaillible de l'agencement des choses; sa façon de manier des formes aussi ingrates que la grecque et le zigzag en les mariant à des fleurs ou à des sujets d'imagination, ne cesse jamais d'être attrayante et contribue à donner une sorte de consistance et de fermeté aux caprices de sa fantaisie. Assurément il a fait de la combinaison des lignes droites, courbes et verticales une étude approfondie, et, ce devoir rempli, il laisse libre carrière à son amour du fantasque et de l'irrégulier dans l'ordonnance de ses mille créations. Nous aurons beaucoup à dire sur cette tendance de l'esprit national; mais, en attendant, nous épuiserons le sujet de la grecque et des formes qui en dérivent.

Il n'existe pas autant de variétés de grecques dans l'art japonais qu'on en trouve dans l'art grec, et le carré continu, forme si commune chez celui-ci est, du moins à notre connaissance, tout-à-fait absent des œuvres de celui-là. La figure 1 de la planche A est celle qui se rapproche le plus de la grecque classique; elle est tirée d'une plaque de porcelaine, décorée en camaïeu bleu. On verra, en la comparant avec la figure ci-dessous, que l'amour de la variété a entraîné l'artiste à se départir de la division sévère et uniforme en carrés et à adopter une division alternante de parties oblongues et perpendiculaires. Le dessin se poursuit à la mode grecque, et pour cette raison l'exemple choisi a de l'intérêt, car les grecques continues se rencontrent rarement chez les Japonais. La figure 2 (même planche) représente une des variétés les plus communes; on pourrait la nommer *grecque oblongue brisée*, chaque partie

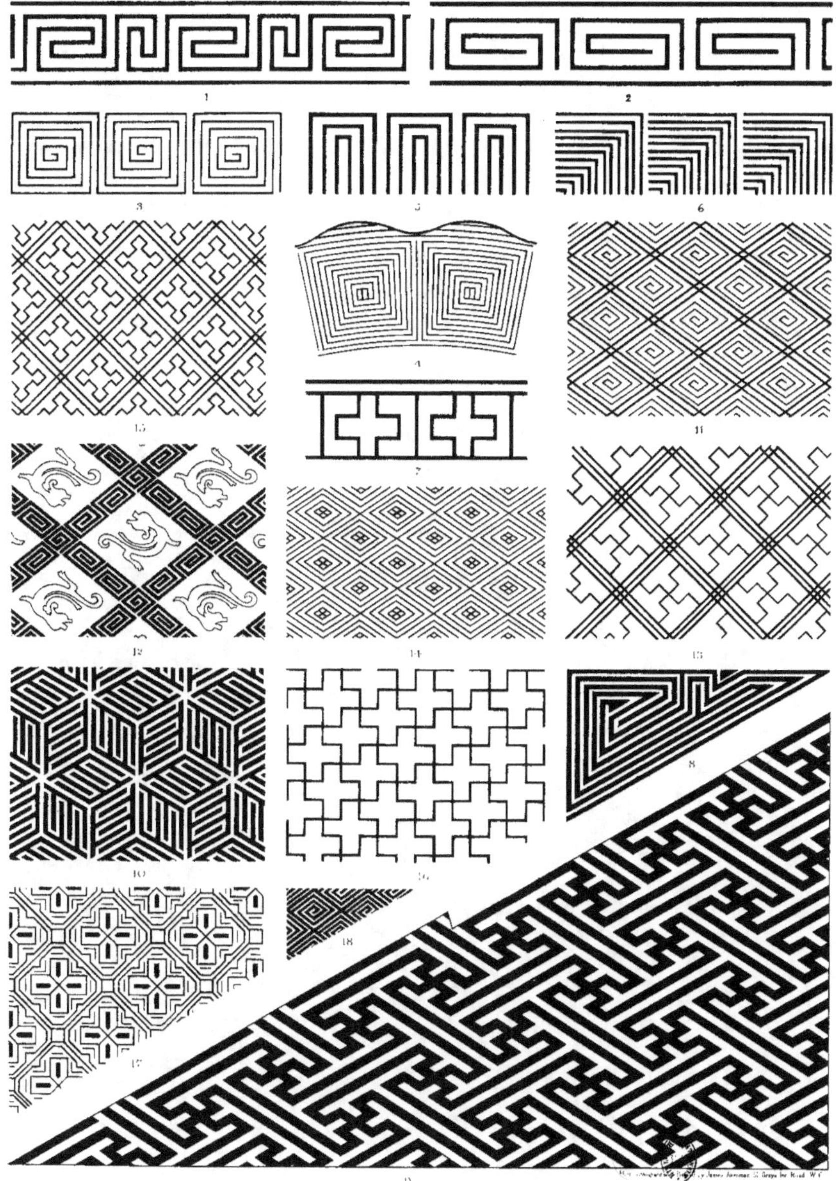

étant entièrement distincte l'une de l'autre. Cette espèce de grecque est souvent composée
de sections de proportion différente, étendues ou réduites selon les contours des objets
auxquels elles s'appliquent. Les figures 3 et 4 sont deux autres formes de grecques brisées;

la première ornait le bord d'un vase de Kioto, la seconde la marge d'un grand plat d'Imari.
Les Japonais ont su tirer de la grecque une foule de combinaisons simples, qu'on retrouve
dans toute leur fabrication ; il n'est pas nécessaire de les décrire séparément, et celles que
nous reproduisons (fig. 5 à 8) suffiront au lecteur.

Jusqu'à présent nous avons considéré ce genre d'ornement au point de vue des surfaces
limitées, telles que bandes et bordures; nous allons le voir approprié à de plus grandes
surfaces sous forme d'arabesques géométriques. La figure 9 (planche A) est un spécimen de
ce qu'on peut appeler la grecque arabesque par excellence des Japonais ; elle est peut-être
appliquée plus fréquemment que toute autre broderie analogue, et on la prodigue à satiété
dans chaque branche de l'art industriel, depuis les boîtes en paille commune jusqu'aux
tissus brochés de soie et d'or portés par l'empereur et les plus nobles personnages. Le dessin
reproduit est emprunté à un cabinet en laque, dont toutes les parois sont décorées à l'extérieur de la façon la plus fantaisiste. Le nombre des arabesques tirées de la grecque, ou avec
lesquelles la grecque se combine, est considérable, et les dessins non décrits de la planche A
en sont des types caractéristiques et des plus répandus.

L'artiste japonais se complaît dans l'arabesque de toutes sortes, et son génie inventif ne
semble jamais le trahir, quelle que soit la vivacité de son goût pour la variété. En chargeant
un fond d'arabesques, il s'en tient rarement à une seule espèce; en général il en choisit
plusieurs qu'il distribue en des compartiments irréguliers, ajustés l'un à l'autre. En voici un
remarquable exemple : c'est le fac-simile d'un grand plateau de porcelaine décoré en bleu ;
il n'y a pas moins de onze dessins différents. Sur l'un des tiroirs d'un cabinet en laque nous
avons compté six genres d'arabesques occupant chacun une portion inégale d'un panneau
intérieur.

Cette façon de partager une surface en parties angulaires et non correspondantes, puis de
la couvrir de motifs différents, paraît être particulière aux artistes du Japon et a sans doute
pris naissance dans leur dédain de la symétrie et leur insatiable recherche de la nouveauté.
Ils n'agissent pas autrement dans leurs ouvrages d'incrustation ou de placage, où les pièces,
variées de grain et de couleur, produisent un effet charmant; dans les bois noirs ou légèrement nuancés, grecques et mosaïques sont découpées en triangles et autres figures
inégales : on les introduit aussi fréquemment dans la marqueterie des bois à grain uni.

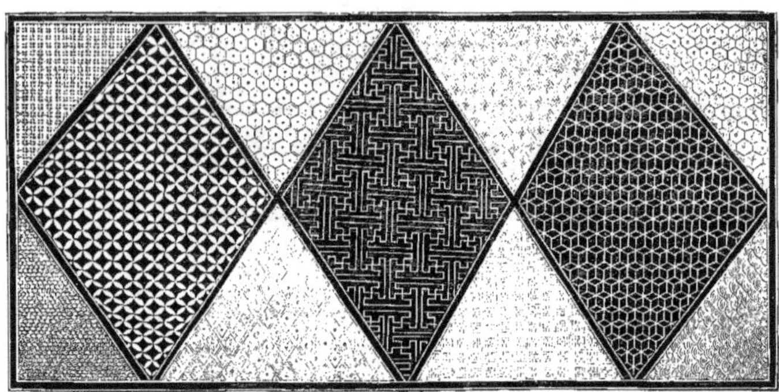

PLATEAU DE PORCELAINE D'IMARI DÉCORÉ D'ARABESQUES (COLL. BOWES).

Voyons jusqu'à quel point les artistes japonais ont poussé l'usage des figures géométriques dans l'ornementation. Comme on pouvait s'y attendre, elles se montrent la plupart du temps sous forme de mosaïques, formées par l'intersection des lignes droites ou courbes, ou par des combinaisons du triangle, du carré et du cercle; d'autre part, l'hexagone et l'octogone n'y sont pas moins fréquents. Dans la figure ci-dessus du plateau en porcelaine, la mosaïque des losanges se compose, à gauche de cercles, à droite d'hexagones entrelacés; le fond du plateau, très-varié de lignes, présente en haut deux hexagones simples, puis quatre espèces de losange et de carré, coupés à angle droit, et, en bas, dans le coin de droite, des cercles imbriqués en écailles de poisson.

L'artiste sait multiplier à l'infini les types précédents en y mariant de cent façons la courbe et l'ellipse. Les figures ci-après représentent deux mosaïques dont la trame est due à cette

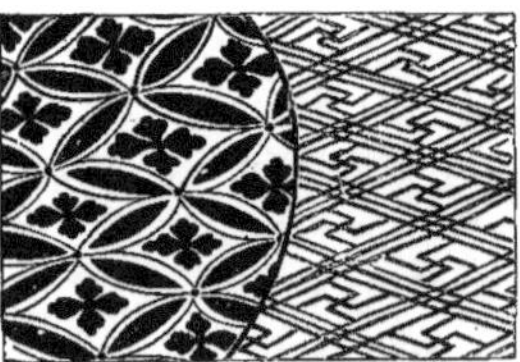 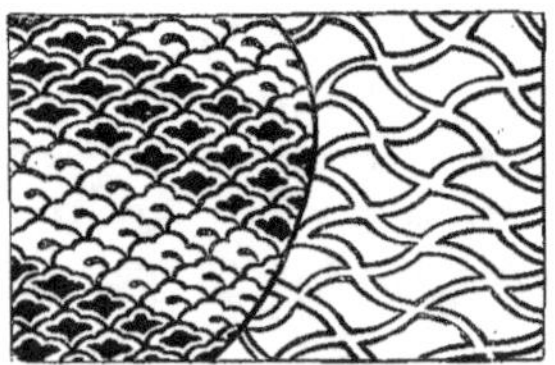

combinaison hybride. Ces hachures intéressent à un autre point de vue, car elles montrent une méthode nouvelle pour diviser les plans à décorer. Dans le cas présent, l'objet étant rond, l'artiste a sillonné la surface de lignes courbes avant de remplir les mosaïques; une grecque en losange a été introduite afin de rehausser et de soutenir ces courbes nom-

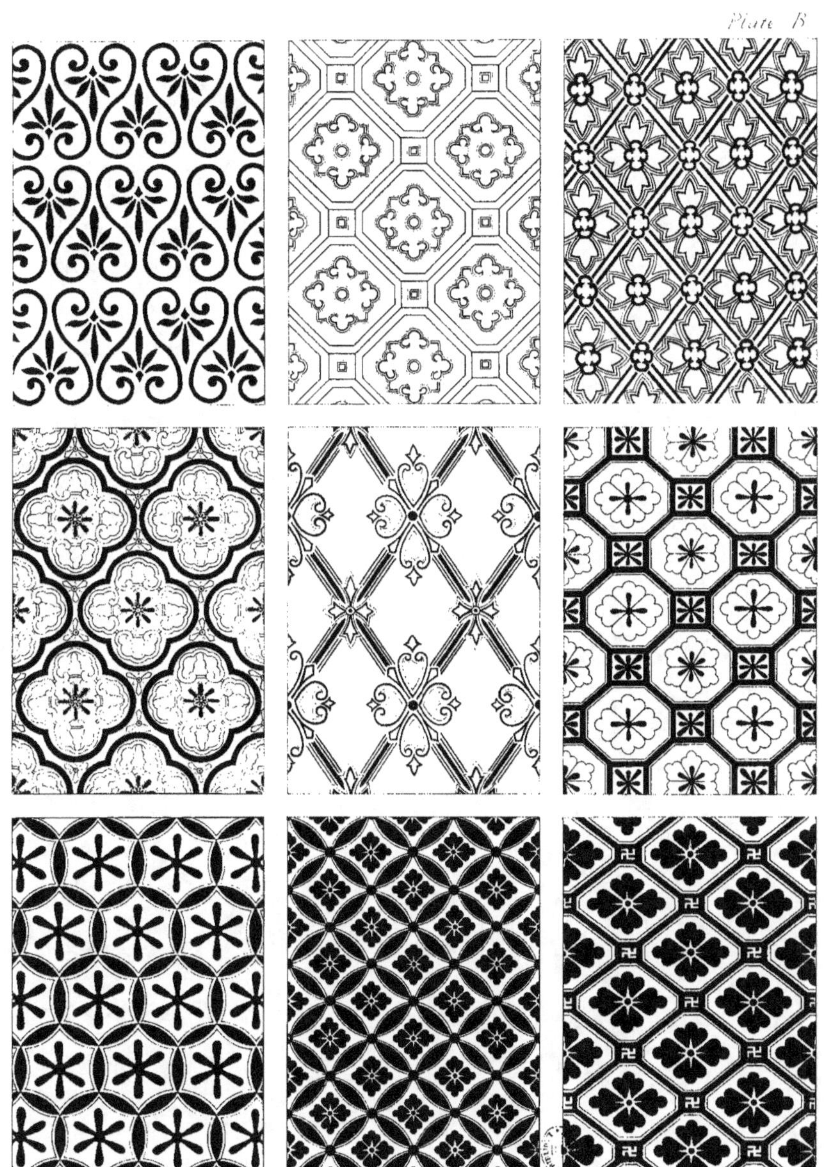

breuses. Le bol en question n'offre qu'aux deux tiers les quatre mosaïques ; le reste est orné d'une guirlande de fleurs hardiment jetée et aux vives couleurs.

La planche B contient les plus importantes variétés de dessin géométrique qui se rencontrent dans l'art japonais ; elles sont extraites d'ouvrages en laque, porcelaine et autres matériaux.

Il n'est pas rare de voir une large surface plane traitée en mosaïque, sans ordre ou par places, en laissant les intervalles entièrement nus ou rehaussés soit d'un rinceau délicat, soit de fleurons qui font un vif contraste avec les plans réguliers de la mosaïque. Nous en avons sous les yeux un exemple : c'est une boîte en laque, couverte d'un réseau d'arabesques géométriques irrégulièrement disposées et sur lesquelles tranchent des brindilles de fougère.

La figure ci-après, tirée de la couverture d'un livre japonais, sert à montrer la façon de

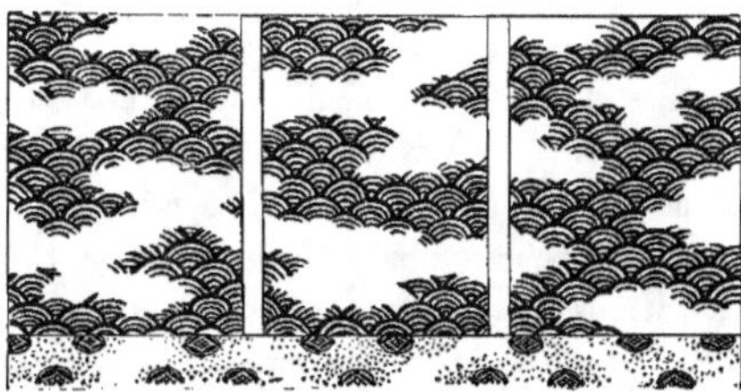

D'APRÈS UN LIVRE JAPONAIS.

briser une mosaïque, sans doute afin d'obtenir un effet original en vue de certaines positions ou d'intentions calculées au gré de l'artiste.

Nous avons raison de croire que les Japonais ont recherché, dès les temps les plus reculés, les simples figures géométriques ; on peut s'en convaincre par leurs blasons, où l'on en trouve en grand nombre, qui servent d'emblèmes aux princes ou *daïmios* (voyez ci-après). En

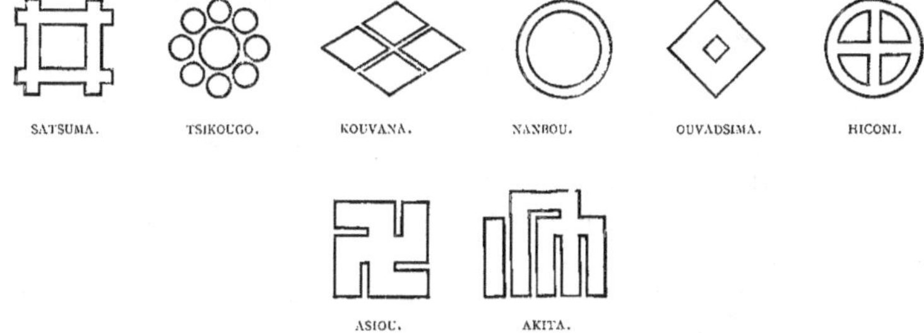

SATSUMA. TSIKOUGO. KOUVANA. NANBOU. OUVADSIMA. HICONI.

ASIOU. AKITA.

général, on fait usage des armoiries pour décorer les meubles, les tissus, les papiers de tenture, etc.; l'arrangement n'en est jamais choquant, soit qu'on en fasse un semé, soit qu'on les allie à d'autres formes décoratives. Même le blason d'Akita (n° 8), qui n'est guère flatteur à l'œil, devient un détail plein de goût s'il est combiné avec des groupes de fleurs.

Des dessins d'une extrême sobriété, probablement copiés sur d'anciens modèles, se rencontrent fréquemment. Quelquefois les détails en sont travaillés avec la touche fine et précise de l'ornement grec, et il y en a d'autres qui poussent l'archaïsme jusqu'à rappeler le décor égyptien. Le beau vase de Satsuma (pl. XIX), qui appartient à M. Val. Prinsep, offre un remarquable exemple de cette dernière manière, surtout pour le col et l'évasement.

De toutes les méthodes en usage pour l'ornementation des surfaces planes, celles qui consistent en fleurs et feuillage sont peut-être au rang des plus parfaites et des plus originales; là, du moins, le Japon n'a point de rivaux. Il serait impossible, selon le plan que nous nous sommes tracé, de donner au lecteur la plus légère idée de la variété infinie des formes que l'artiste a prodiguées dans ses manifestations. On nous excusera de borner pour l'instant nos remarques aux méthodes courantes pour la décoration spéciale aux surfaces; nous parlerons tout à l'heure de celles qui se rapportent à leur ornementation.

Dans les damassés à fleurs, les Japonais ne s'astreignent pas, comme en Europe, à un espacement rigoureux et à une répétition uniforme; ils s'appliquent, au contraire, à esquiver la répétition et à multiplier autant que possible les irrégularités. La planche C contient trois intéressants dessins, servant à orner les beaux cuirs de daim qui se fabriquent à Tokio; on les a photographiés sur nature d'après les modèles qu'emploient les mégissiers. Ils sont du genre floral, et, sauf un, librement traités; bien que les modèles eussent en tout o^m,68 de long sur o^m,5o de large, on n'y découvre nulle part aucune trace de répétition. La figure 2 (même planche) reproduit un pur damassé, et, malgré la liberté du dessin, les parties s'y correspondent avec autant de précision que dans un damassé ordinaire. Au reste, il en est de même de la figure 12 de la planche A. Il est facile de voir, en examinant les deux dessins 1 et 3 (pl. C), que le fond est tout entier tramé d'un léger feuillage, dont par-ci par-là quelques fleurettes et des animaux diversement posés interrompent la monotonie. Ces compositions, d'un style original, témoignent de l'indépendance des artistes dans l'ornementation d'un sujet. Souvent les fleurs du chrysanthème servent au décor des surfaces; en ce cas elles sont massées en botte, débordant les unes sur les autres, et d'un coloris gradué, moins riche pour celles du fond que pour celles du premier plan.

On tire aussi du règne végétal, pour des sujets de fantaisie ou des rinceaux, la matière de dessins plus en harmonie avec les idées européennes, et qui se rencontrent fréquemment sur les tissus de fabrique, les imitations de cuir au repoussé et les papiers de tenture. Nous nous rappelons avoir vu plusieurs modèles de papiers-cuir communs qui ressemblaient fort aux belles brocatelles italiennes de la Renaissance.

Jusqu'ici nous avons borné nos remarques au genre arabesque, c'est-à-dire aux dessins géométriques ou d'imagination ayant la répétition pour base et qui peuvent, comme pour nos tapis et nos papiers peints, s'adapter à toute espèce de surfaces, et nous avons montré, d'après les modèles en usage, comment le Japonais, dominé par l'amour de la variété, non-seulement répugne à s'astreindre au traitement uniforme d'un sujet quelconque (ainsi qu'on

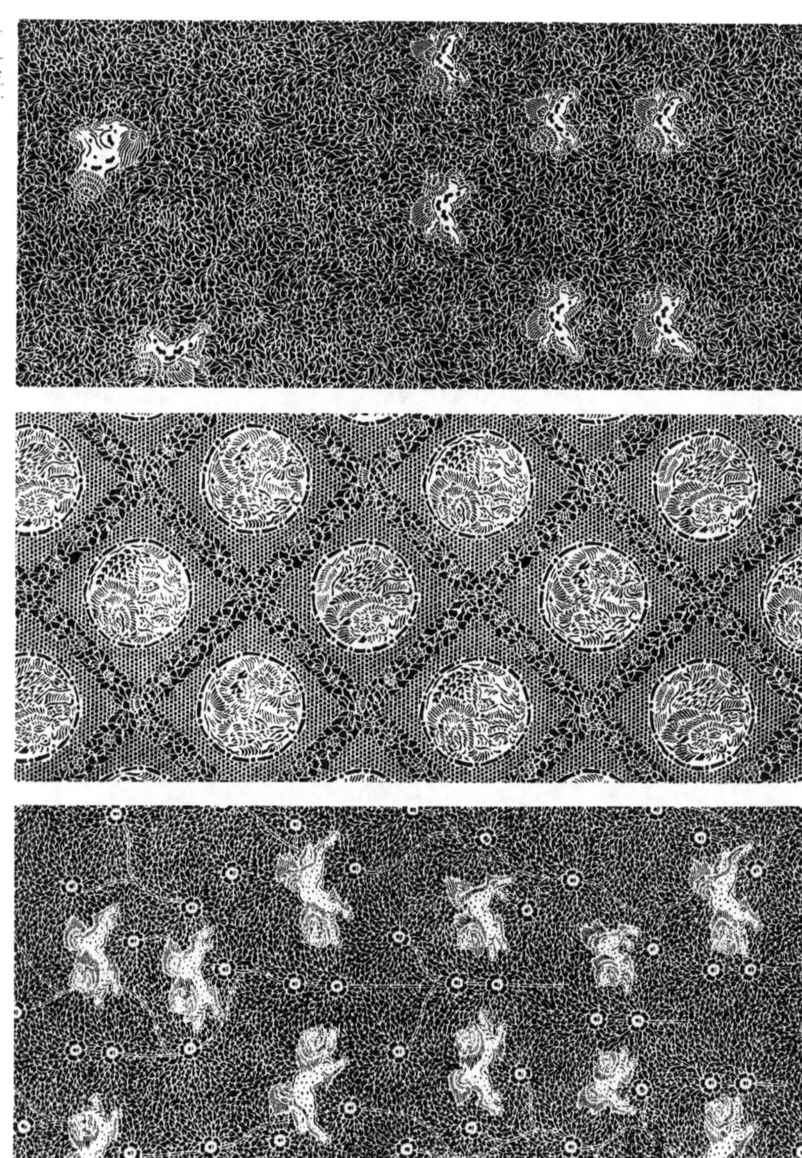

le fait d'habitude en Europe, où la concordance exacte et la division diamétrale sont proclamées des règles essentielles), mais comment il cède naturellement aux caprices de l'invention, jusqu'à les prodiguer souvent sans nul souci de l'harmonie.

Les diverses méthodes, communément adoptées pour le décor des surfaces par l'arabesque, peuvent se réduire aux indications suivantes, tirées de la planche D, qui représente une boîte en laque sous différents aspects : distribution uniforme d'un modèle sur la surface entière (fig. 1); application d'un seul modèle à une division non diamétrale de la surface (fig. 2); application de deux ou plusieurs dessins sur des portions inégales (fig. 3); ornementation de la surface à l'aide d'arabesques brisées ou sans ordre (fig. 4); fond traversé de lignes droites ou courbes, de types différents, en long, en large ou en travers (fig. 5); groupes d'arabesques en médaillons de formes multiples et distribués irrégulièrement (fig. 6).

Après l'arabesque vient ce genre d'ornements vulgairement appelés *semés*, c'est-à-dire répartis sur un champ à des intervalles réguliers ou non. Dans l'art occidental le système de la régularité est celui qui prévaut généralement, bien que, depuis ces dernières années, la diffusion des produits japonais ait, à cet égard, provoqué de grandes licences chez nos dessinateurs. A l'inverse des habitudes européennes, l'artiste japonais a pour règle presque invariable de pratiquer l'irrégularité dans les dessins qui appartiennent au genre des semés. C'est alors qu'il donne libre carrière à sa fantaisie, tout en laissant courir son pinceau avec un jugement sûr et un bonheur constant. Les figures ci-dessous sont consacrées à deux de nos

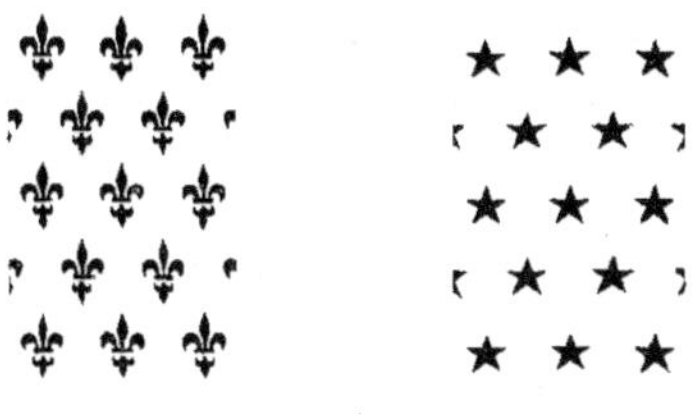

SEMÉS.

semés les plus communs : l'un se développe de bas en haut, l'autre par un croisement régulier, et tous deux, d'une correction rigoureuse, trahissent le fréquent usage de l'équerre et du compas. Dans la planche E nous donnons six exemples, photographiés d'après des papiers peints du Japon, et qui font clairement voir quels principes guident les artistes de ce pays, s'il est permis d'appliquer ce mot à leur façon de travailler, car nous inclinons fortement à croire qu'ils n'ont d'autres règles qu'un goût inné et la justesse de coup d'œil, dons naturels qui leur viennent en aide en toute occasion avec plus d'efficacité que ne le sauraient faire chez nous les enseignements de l'école.

Dans la surface décorative de dimensions limitées, le Japonais ne manque jamais de se soustraire à la répétition des sujets ou à l'arrangement symétrique des semés; naturellement, dans des ouvrages comme les papiers de tenture et les cuirs peints ou estampés, une répétition quelconque, plus ou moins rapprochée, doit se produire. Les exemples de la planche E sont extraits des rouleaux tels qu'on les imprime au Japon et qui mesurent environ 0^m45 sur 0^m32 ; aucun sujet ne s'y répète exactement et ne s'y combine de la même manière, mais les mêmes groupes se retrouvent sur chacun des rouleaux. En les examinant de près on se convaincra du soin mis par les artistes à éviter toute expression de raideur et à déguiser la nécessité des répétitions.

Quant aux œuvres entièrement décorées à la main, on écarte par système la répétition ainsi que la division géométrique. Il faut naturellement excepter de la règle les blasons et les symboles religieux, où rien n'est admis qui puisse en altérer la signification ; mais quand on fait usage de tels emblèmes, comme il arrive souvent, dans les semés, ils sont toujours disposés d'une façon irrégulière et parfois même dans une sorte de confusion apparente, tantôt isolés, tantôt par groupes accolés ou à demi plaqués l'un sur l'autre. Nous ne nous souvenons pas d'avoir jamais vu un semé japonais dont les détails offrent dans leur arrangement une exacte ressemblance avec les semés européens.

Les Japonais aiment à introduire dans leurs compositions un genre de décor qui leur est particulier : c'est celui des médaillons, et, bien qu'il se rattache étroitement aux semés, dont il n'est qu'une forme agrandie, il produit cependant un effet très-différent.

Le médaillon est une figure définie, aux lignes habituellement géométriques, s'enlevant sur le fond général par la couleur, par les matériaux ou une bordure vivement tranchée, et destinée à recevoir quelque décor spécial. La figure 6 de la planche D, qui représente le côté d'un cabinet orné de médaillons en arabesques, peut servir d'exemple. Ainsi que les semés, on dispose les médaillons sans régularité, isolés, réunis ou confondus de la façon la plus originale. Tous les genres conviennent à leur décoration : le paysage, les fleurs, les animaux, la figure, en forment les sujets ordinaires. Fleurs et feuillage, quadrupèdes et oiseaux, sont fréquemment entremêlés de façon à figurer des médaillons circulaires et portés dans ce cas sur un fond d'une couleur distincte. On trouvera plusieurs manières de combiner et de décorer les médaillons sur la planche F.

Le traitement des médaillons met en lumière, plus clairement peut-être que toute autre espèce d'ornement, la répugnance instinctive des Japonais pour l'uniformité. En introduisent-ils deux ou davantage, ils leur donnent presque toujours des contours dissemblables et ils en varient toujours les sujets ; les combinent-ils par accolement, ils choisissent alors les formes les plus opposées, à moins qu'ils n'emploient que des ovales, et encore leur goût favori les porte-t-il à marier entre eux des ovales de grandeur différente.

D'ordinaire on traite le médaillon par les fleurs ou par des enroulements d'arabesques (*voy.* planche D) ; et dans ce dernier genre le décor d'un cabinet laqué, que nous allons décrire, offre un exemple bon à étudier. Le haut, le dos et les parois latérales sont des surfaces plates ; le devant est garni de doubles portes, de panneaux à coulisses et d'un long tiroir au-dessous des portes. Les différentes parties du meuble ont reçu des médaillons au nombre de douze, et de six formes différentes ; il y en a huit entiers et quatre brisés, ces derniers par devant et divisés entre eux par les panneaux et le grand tiroir. Les quatre

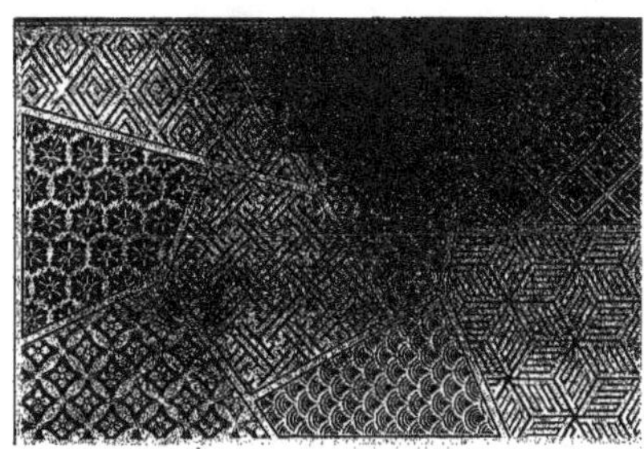
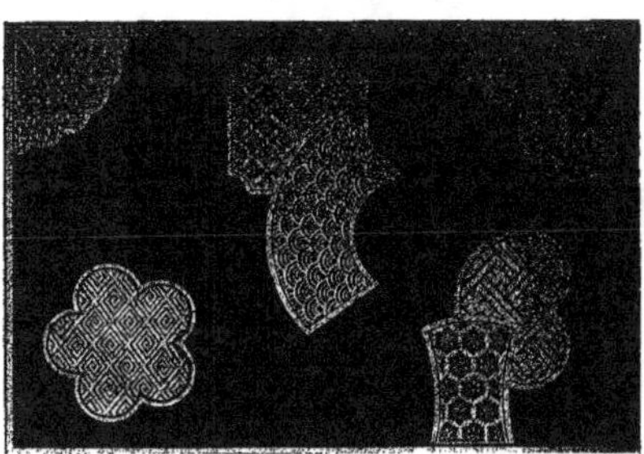
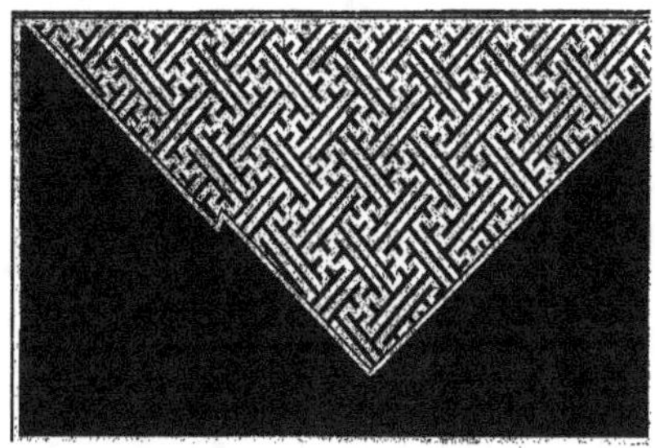
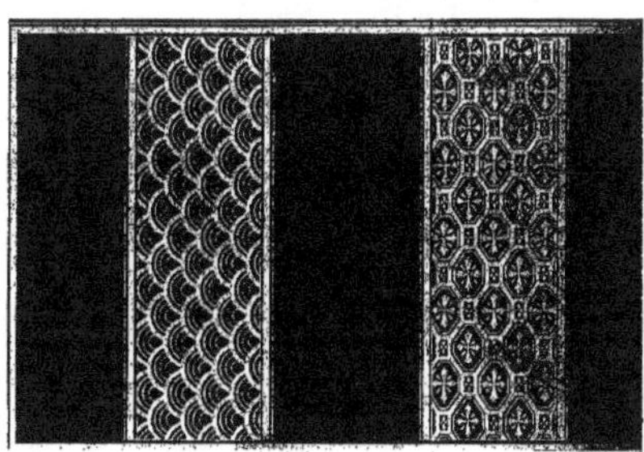
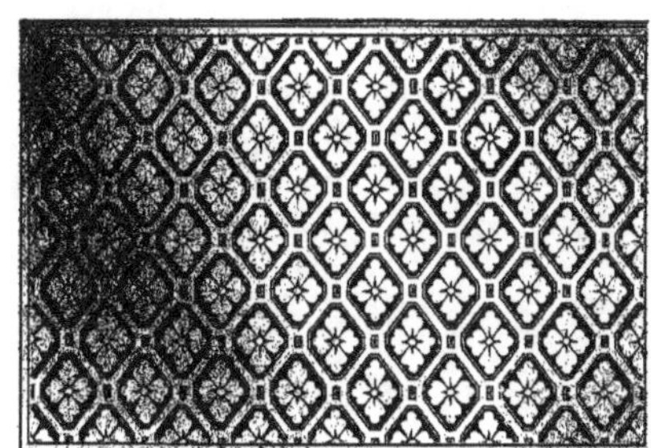
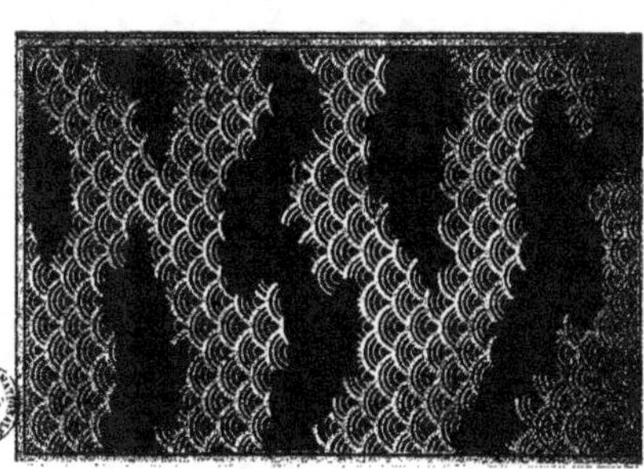

autres côtés portent chacun deux médaillons dissemblables, l'un sur fond noir uni, l'autre se fondant avec la masse d'ornements qui couvre un tiers de la surface. Ici l'artiste, en accolant des médaillons différents et en sillonnant le fond d'arabesques différentes, s'est efforcé de faire de la surface totale du meuble une composition distincte et indépendante, mais en même temps, quand tout se combine, un ensemble charmant et plein de goût. Ce cabinet, que nous avons décrit parce qu'il était à notre portée, ne doit pas être regardé comme un spécimen fantaisiste du travail japonais; car on en pourrait mentionner beaucoup d'autres, qui s'écartent bien plus encore des idées que nous nous sommes faites dans l'harmonie des dessins d'ornement. On se rendra compte, d'après les sujets de la planche XXXIV, de la méthode japonaise pour le traitement des médaillons.

Cette branche de l'art fournit matière à un plus ample développement; mais nous croyons en avoir assez dit, surtout à l'aide de nombreuses figures, pour être compris de nos lecteurs. Le champ s'élargit devant nous et devient, à mesure que nous y marchons, d'autant plus intéressant et difficile.

Il n'est pas possible, — et nous insistons sur cette observation que nous avons déjà faite, — de parcourir le vaste domaine de l'art japonais sans être frappé du sentiment passionné qui y règne des œuvres de la nature. Et ce n'est que l'exacte vérité; car notre artiste suit avec un tact sûr et judicieux les lois de l'histoire naturelle, autant du moins que les exigences du métier le comportent. Dans la peinture d'objets, tels que fleurs, oiseaux ou feuillage, appliqués à l'ornement, il n'a point de rivaux. La forme en est si fidèle, l'expression si délicate, l'effet si hardi pourtant et si pittoresque, qu'on est réduit à l'admiration ou à l'impuissance, si l'on tente de l'imiter.

Un ouvrier si soigneux et de cette habileté devrait de préférence, — la supposition s'en présente d'elle-même, — ne s'attacher qu'aux plus belles choses et à ce qu'il voit de plus parfait autour de lui. Quelle erreur! Tout lui est bon au contraire, il a un fonds inépuisable de matériaux et partout il sait découvrir des modèles. Depuis les magnifiques fleurs qu'à force de patience et d'adresse les jardiniers, ses compatriotes, ont amenées à des proportions gigantesques jusqu'à l'humble marguerite des prés, depuis le sapin orgueilleux jusqu'au chêne nain qu'une main d'homme suffit à couvrir, depuis le fabuleux *ho-ho* à la queue panachée de plumes ondoyantes jusqu'au plus infime des habitants ailés de son île natale, tout contribue pour une part égale à ses diligentes études, tout reçoit de sa main une interprétation également fidèle. On voit sous son pinceau les fleurs bourgeonner, s'épanouir, se faner; les arbres frissonner aux zéphirs d'été, se courber sous les rafales d'automne, charger leurs branches dépouillées des neiges de l'hiver ; et les oiseaux revivre dans leurs mouvements variés et leurs gracieuses attitudes.

Les fleurs qu'on reproduit habituellement sont le chrysanthème, la pivoine, le wisteria (genre de papilionacées), l'iris, le lis, l'hortensia, l'œillet, le liseron et le nénuphar ; mais presque toutes les espèces indigènes servent à l'ornementation, combinées avec les précédentes. Quant aux arbres favoris, ce sont le paulownia impérial, le prunier, le sapin, le palmier et le majestueux bambou, qui occupe souvent la place d'honneur à cause de ses usages innombrables et de la valeur symbolique qui y est attachée. Les roseaux, les plantes grimpantes et les herbes de toutes sortes complètent la flore ordinaire de l'artiste.

Cela prouve que la campagne offre, sous ses divers aspects et en toutes saisons, un charme particulier aux Japonais, notamment à ceux qui habitent les grandes villes. Sans nul doute, les richesses naturelles du sol ainsi que l'abondance et la splendeur de sa végétation développent le goût des arbres et des fleurs; et nous n'exagérons pas en affirmant qu'en aucun pays ce penchant n'est si généralement répandu parmi toutes les classes de la société.

Durant les longues soirées d'été et les nombreux jours de fête, la foule se rend aux temples des environs et aux lieux de divertissement, situés sans exception dans des sites romantiques, bien ombragés et cultivés avec un soin extrême. Là, dès leur plus tendre enfance, les citadins font l'apprentissage des beautés de la nature, et l'influence en devient avec le temps si forte chez eux qu'ils ne manquent pas une occasion de s'entourer des objets qui rappellent à leur imagination le souvenir de leurs paysages favoris.

L'horticulture est très-perfectionnée au Japon, et l'esprit d'invention s'y donne franche carrière dans la création de ce qu'on pourrait appeler des jardins d'agrément en miniature. A la ville, ils forment en quelque sorte une dépendance obligée de la demeure des gens riches; et l'art de les dessiner consiste à offrir un pittoresque fouillis de produits naturels, tels que collines, rochers, lacs, bois et cascades, et des produits de l'industrie, comme ponts suspendus, allées serpentines, roues de moulin, etc. Pour mettre en pratique cette fantaisie lilliputienne, il fallait se procurer des diminutifs d'arbres, non de jeunes plants ou des pousses rabougries, mais des arbres en plein développement avec les branches torses et noueuses des géants de la forêt; la taille en raccourci devint dès lors une affaire et ne tarda pas à prendre rang parmi les arts industriels de l'empire. Les expériences faites pour entraver les efforts de la nature réussirent à souhait : il en sortit des merveilles, dont on a plus d'une fois parlé. Un pépiniériste japonais, raconte Siebold, lui montra, en 1826, un *moumi* en fleurs à peine haut de 75 millimètres. Ce chef-d'œuvre de jardinage était placé dans un petit coffret vernissé à trois compartiments, semblable à nos pharmacies de voyage : celui d'en haut contenait le *moumi*, celui du milieu un sapin également réduit, et celui du bas un bambou de 36 millimètres. A en juger d'après les photographies et les descriptions des jardins en miniature, les arbres nains ne dépassent pas d'ordinaire un mètre; on évite dans ce procédé de culture tout ce qui ressemble à une disposition symétrique des branchages et l'on pousse au contraire la recherche du bizarre jusqu'à l'extrême.

Cependant il n'a point suffi aux jardiniers japonais de réduire jusqu'au nanisme des productions naturelles qui, en pleine terre, s'élèvent à une grande hauteur; ils ont apporté le même zèle à en développer d'autres qu'on remarquerait à peine à l'état ordinaire. Ainsi ils cultivent des plantes de toutes sortes pour leur faire atteindre des proportions gigantesques, et soumettent les fleurs de certains arbres fruitiers à ce procédé de grossissement pour les transformer en d'énormes choux. Quant au fruit même, ils s'en occupent peu; et cette pratique singulière nous prouve à quel point ce peuple aime le beau, puisqu'il sacrifie les satisfactions du goût au plaisir des yeux.

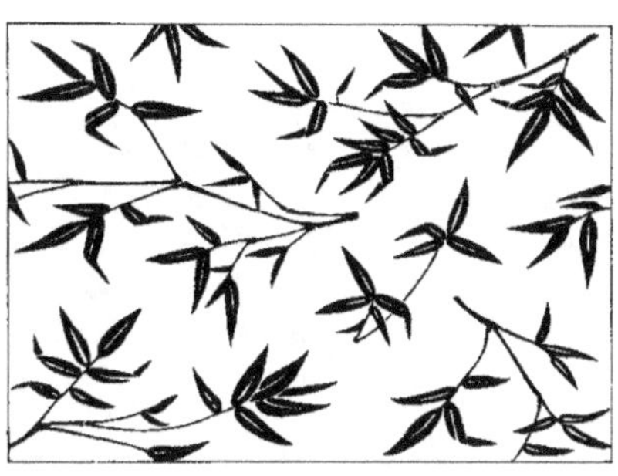

1

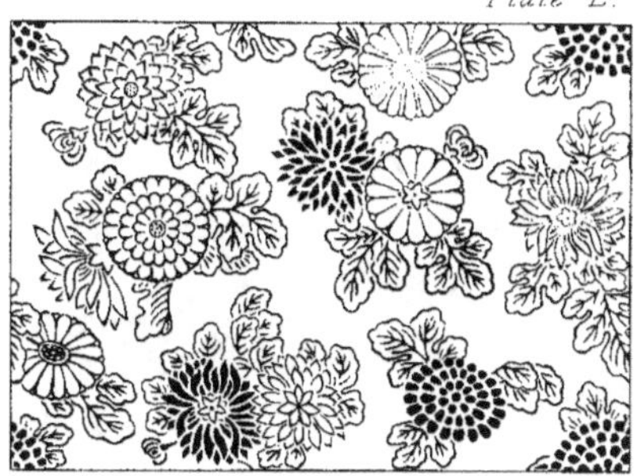

2

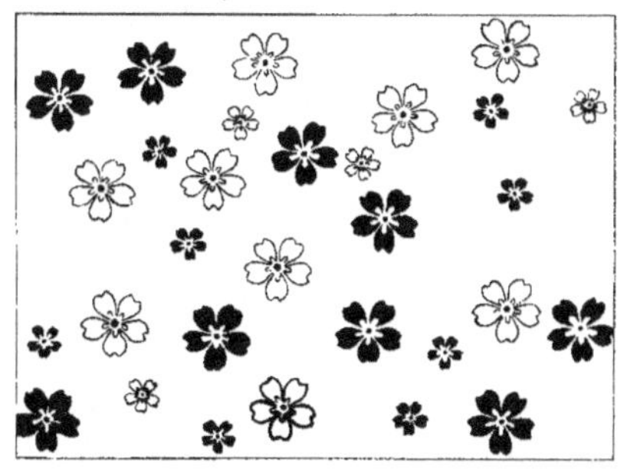

3

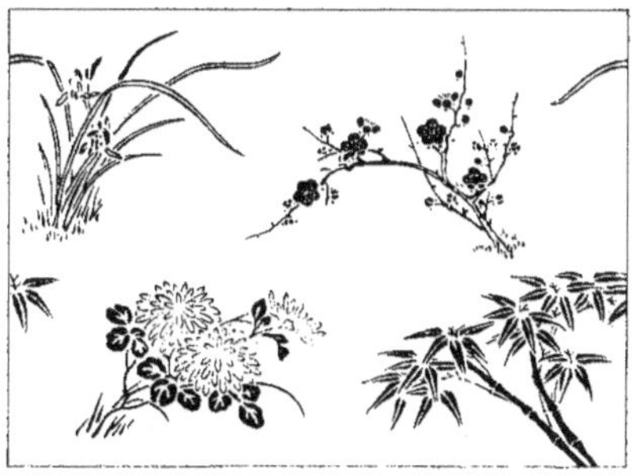

4

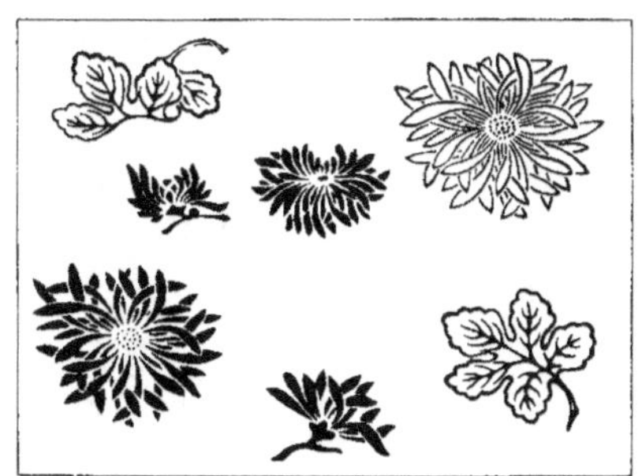

5

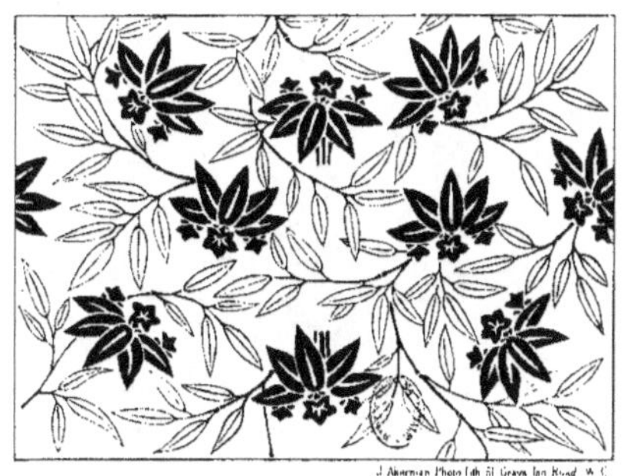

6

L'usage le plus intéressant qu'on puisse faire des arbres nains et des fleurs gigantesques consiste peut-être à monter ces bouquets de cérémonie dont les Japonais se plaisent à décorer l'intérieur de leurs appartements, si simples d'ailleurs, en toute occasion de fête. Ces bouquets, ou plutôt en certains cas ces jardins portatifs, sont uniques en leur genre : ils se composent d'arbres nains, de fleurs et de branches entières provenant de sapins, de pruniers ou d'autres arbres favoris. Tous ces éléments, disparates en apparence, sont combinés ensemble de manière à offrir à première vue un désordre aimable et naturel ; mais, en y regardant de plus près, on s'aperçoit qu'une règle préside à la composition et à l'arrangement de ces sortes de bouquets.

A propos de cet usage, un livre intitulé *Mœurs et coutumes du Japon au dix-neuvième siècle* [1] contient les remarques suivantes : « Le thé, infusé à la mode ordinaire ou préparé dans la « théière, se prend à chaque repas, et pour ainsi dire toute la journée, dans les différentes « classes de la société. Il y a encore une manière de faire le thé ; mais les frais qu'elle exige, « les ustensiles et accessoires employés dans la décoction, et qui, suivant l'étiquette, doivent « être des objets d'art et de prix, ne la rendent accessible qu'aux gens riches ; et encore « ceux-ci y ont-ils recours seulement dans les grandes occasions et aux jours de gala. C'est « là ce qu'on pourrait appeler « donner un thé ». Les dépenses doivent avoir uniquement « en vue la splendeur du service : porcelaine fine, serviettes en soie, etc., faute de quoi l'on « ne saurait offrir ce genre de thé, puisque les matériaux nécessaires ne comportent aucune « idée d'extravagance. On mélange plusieurs sortes d'excellent thé et on les réduit en poudre ; « une petite cuillerée de cette poudre est mise dans chaque tasse, on y verse dessus de l'eau « bouillante, et le tout est battu avec un pinceau de bambou jusqu'à ce qu'il mousse. Ainsi « préparé, ce breuvage est d'un goût fort agréable et en même temps très-salutaire.

« La salle où l'on reçoit les invités doit être ornée du portrait d'un ancien philosophe, le « bonze Darma, qui passe pour l'inventeur de cette fête ; car il en est regardé comme le *kami* « ou saint patron. L'art de décorer une salle de réception, en pareille circonstance ainsi qu'en « d'autres, est chose difficile à apprendre. Par exemple, dans un beau salon japonais, il faut « qu'il y ait un *toko*, c'est-à-dire une espèce de niche, garnie de tablettes richement sculptées « dans les bois les plus précieux. Ce *toko* doit contenir un seul tableau, — pas plus, — au- « dessous duquel est placé à demeure un vase rempli de fleurs. Or, non-seulement l'étiquette « exige que le tableau soit approprié à la circonstance, et par conséquent incessamment « changé, mais un semblable accord dans le choix des fleurs est indispensable ; espèces, « nombre, arrangement, jusqu'à l'exacte proportion entre les fleurs et le feuillage, tout doit « être en harmonie avec la fête qu'on célèbre. Les règles qui président à ces minuties forment « un véritable code, et le manuel qui traite de cette affaire compliquée est un de ceux « qu'étudient les jeunes demoiselles à l'école. »

Nous avons en notre possession deux rouleaux, chacun d'une longueur considérable, et qui sont exclusivement consacrés à la représentation de ces bouquets symboliques ; ils diffèrent

---

[1] Londres, 1841, in-8°, sans nom d'auteur. C'est probablement une compilation faite d'après le grand ouvrage de Siebold et les relations des derniers voyageurs hollandais au Japon.

tous d'arrangement et de dessin et sont accompagnés de légendes. Ces rouleaux, dessinés et coloriés à la main, servaient sans doute à *illustrer* un de ces manuels d'école auxquels on fait allusion dans la citation qui précède.

Comme les bouquets de cérémonie se rencontrent fréquemment dans l'art japonais, on en trouvera quelques-uns dans la planche G. Pour les composer, on allie les arbres nains aux grappes de fleurs géantes, sans la moindre intention d'obtenir un ensemble symétrique; à vrai dire, tout ce qui a apparence d'uniformité ou d'équilibre paraît être évité avec soin dans ces combinaisons. Quelquefois, au milieu des fleurs, s'élance droit hors du vase une baguette de bambou à laquelle pend une feuille ou deux; tout autour s'enroule une délicate plante grimpante ou la frêle tige de quelque plante de choix fixée dans une entaille faite au bois et garnie d'eau ou de terre pour la nourrir; le bambou est-il de dimension trop forte, on greffe, par les mêmes moyens, sur le nœud d'en haut un sapin ou un chêne miniature, dont la floraison est aussi luxuriante que celle de ses congénères qui croissent en liberté sur les flancs de la montagne. Voilà pour les bouquets du genre tempéré; mais il en est d'une espèce différente, qu'on pourrait appeler *sauvage,* et qui sont autrement artistiques et pleins de caractère. C'est un assemblage d'arbres nains, de fleurs géantes et de bambous, comme ci-dessus, que l'on rehausse des plus fantastiques créations de l'ordre végétal, des branches, par exemple, noueuses et difformes, desséchées, privées de feuillage ou bizarrement fleuries à leur extrémité, et d'une si étrange venue qu'elles émergent du bouquet de la façon la plus vagabonde ou, si elles sont assez grandes, qu'elles projettent leurs aigrettes de feuilles à plusieurs pieds du vase où elles ont été plantées.

Rien ne saurait surpasser le goût et l'adresse des Japonais dans l'assortiment des bouquets de ce genre; et quand on se rappelle leur talent pour rapetisser et agrandir les produits de la nature, on ne tarde pas à se convaincre qu'on a sous les yeux non des bouquets coupés, mais plutôt de véritables jardins en miniature, habilement soignés et disposés, et dont l'état florissant est dû au terreau qui remplit les vases où ils sont placés. Si nous nous sommes appesantis sur ce sujet, c'est afin d'y puiser des preuves nouvelles du goût inné des Japonais pour l'irrégularité en fait d'art et de leur grâce originale dans le traitement des objets naturels. Donner à une touffe de buis ou à un buisson de houx la forme d'un siége incommode, d'une ruche, d'un cône tronqué ou d'un paon, comme faisaient nos pères au temps d'Élisabeth, est pour eux une chose aussi simple que de transformer en arbustes ces objets disparates; et ce tour d'esprit produit des effets si singuliers qu'on ne peut s'empêcher d'y applaudir.

Revenons aux fleurs qui se rencontrent dans les œuvres d'art. De toutes celles qu'on a introduites dans l'ornement, le chrysanthème est, sans contredit, la fleur de prédilection; elle est cultivée largement par tout le pays et d'un usage fréquent en certaines circonstances.

Le nom japonais du chrysanthème est *kikou;* le mois où il fleurit, le neuvième de l'année, s'appelle *kikou-dzouki.* Au neuvième jour de ce mois a lieu la *Fête du Bonheur,* rangée au nombre des grandes fêtes nationales; et, le chrysanthème étant l'emblème du bonheur, on ne manque pas de le faire figurer dans toutes les cérémonies. A cette époque d'allégresse et de réjouissance, le bonheur est littéralement à l'ordre du jour. Des parents, des amis se réu-

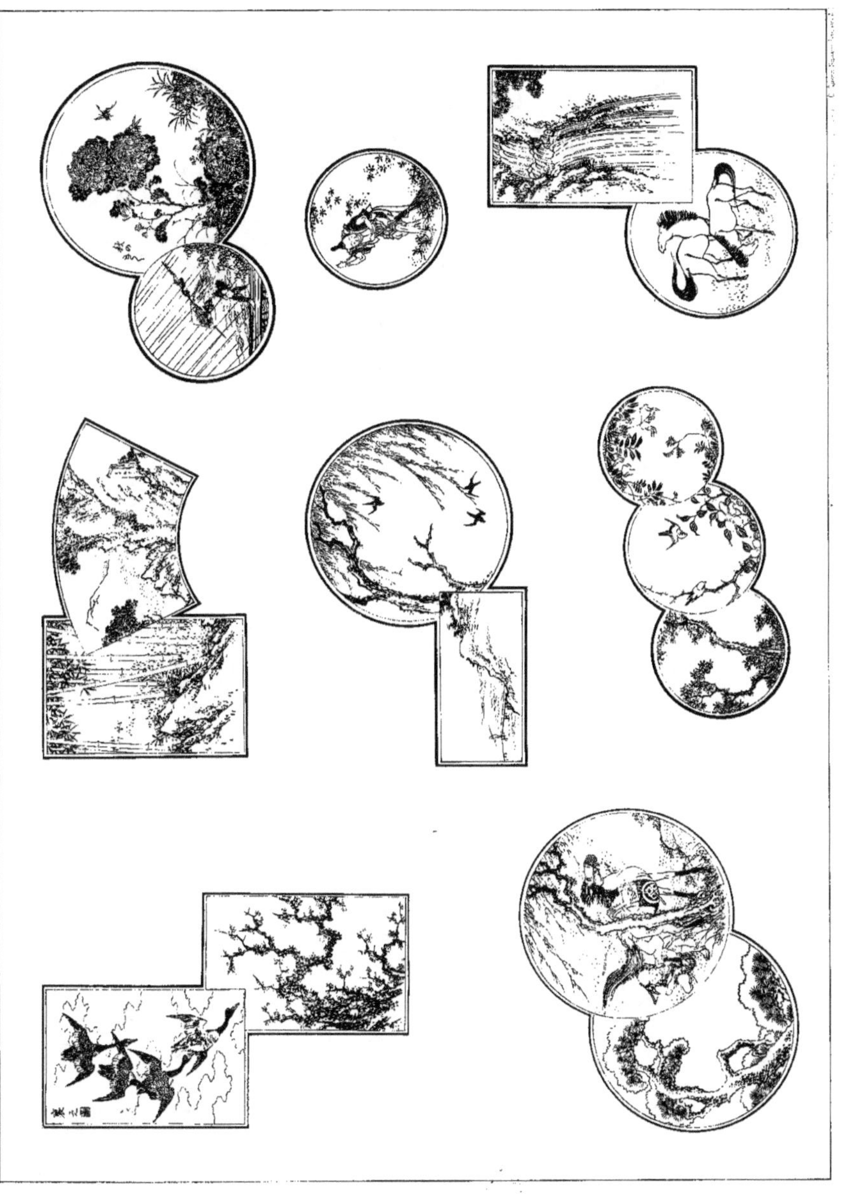

nissent en parties de plaisir pour visiter ensemble les sites agréables des environs ; ils vont d'ordinaire s'installer sur le penchant des coteaux d'où l'on jouit de vues pittoresques ; ils y passent le temps à boire et à manger, à échanger de gais propos, à flâner çà et là, à admirer des paysages qui varient sans cesse ou les jeux changeants de la lumière aux heures diverses du jour ; et, après avoir assisté au coucher du soleil, ils regagnent à pas lents leurs demeures pour y mettre le comble à leur félicité en dégustant du *saki*. Cette boisson fermentée, qu'on obtient par la distillation du riz, devient un des accessoires obligés de la fête parce qu'on y mêle, en la versant, des fleurs de *kikou*, ou plutôt des pétales de cette fleur ; on avale le tout ensemble.

Dans les grandes villes on façonne avec les fleurs du *kikou* des figures humaines ou des vues de la nature, telles que la belle montagne de Fousi-yama, et ces menus travaux exigent autant d'adresse que de patience. Enfin, et ce n'est pas son moindre mérite, le chrysanthème a fourni l'un des emblèmes du blason impérial, nommé le *kikou-mon*.

Cette fleur occupe une large place dans les œuvres d'art : elle y est représentée de mille façons, tantôt naturellement, tantôt suivant un mode convenu. Pour le décor d'une surface plane, comme par exemple le couvercle d'une boîte en laque, il arrive souvent que l'artiste la revêt de deux ou trois couches de fleurs, celle de dessus ou l'extérieure détaillée avec grand soin, d'un fini et d'un coloris parfaits, celles de dessous, qu'on n'aperçoit qu'à travers les interstices de la précédente, de moins en moins travaillées et intenses de ton. Il existe en ce genre d'ornementation quelques beaux modèles d'une rare élégance. Sous forme d'étoile, et dans l'emploi des semés, on a recours habituellement au chrysanthème pour toutes sortes d'œuvres artistiques ; et dans les objets précieux destinés au palais de Tenno, c'est la crête de la fleur qui a presque invariablement servi de motif et, d'ordinaire, comme fond des semés.

Quant à la représentation fantaisiste ou naturelle du *kikou* dans l'ornement, nous n'entreprendrons pas d'en parler, par la raison qu'elle s'appelle légion et qu'elle varie sans cesse, suivant le caprice ou le génie du céramiste, suivant la forme ou l'usage de la chose qu'il décore.

Bien que notre intention soit dans le présent essai de laisser de côté tout ce qui ressemble à une description technique, nous ne croyons pas hors de propos d'indiquer brièvement les différents procédés qui ont cours au Japon pour développer ou accuser les dessins de fleurs appliquées à l'ornementation. Dans les ouvrages en laque, les fleurs se détachent largement du fond, ou sont finement ciselées sur l'ivoire, la nacre blanche et rose, le corail, le lapis-lazuli, l'or, l'argent et le bronze, et appliquées ou incrustées à la surface ; tandis que tiges, fleurs et feuilles sont en or repoussé ou en laque de couleur, ou encore, à l'exemple des fleurs, en bois sculpté et en pierres vertes de nuances variées. Dans les ouvrages d'ivoire on procède de la même manière, mais le travail est porté au plus haut degré de délicatesse et d'exactitude. Sur le métal on exécute aussi des dessins de fleurs à l'aide d'alliages diversement colorés et en les rehaussant d'incrustations de métaux précieux. Tous ces procédés de décor en couleur décèlent chez les Japonais une habileté de main et des ressources d'invention admirables. Dans les porcelaines un pareil mode d'application des matériaux ci-dessus est incompatible avec l'ex-

trême chaleur qu'exige la fabrication ; aussi les dessins de fleurs sont-ils la plupart du temps
rehaussés d'argile et richement émaillés. Toutefois, on applique fréquemment des ornements
en laque sur la porcelaine et la poterie fine.

Il n'est pas rare de rencontrer dans un décor, mariée au *kikou*, la pivoine *boutan* (rose du
Japon), magnifique arbrisseau originaire de la Chine, dont les fleurs, grandes, d'un rose clair
et largement découpées, prêtent beaucoup d'éclat aux compositions où elle figure. Nous ne
savons jusqu'à quel point la culture de cette espèce est étendue au Japon ; mais, à en juger
par les mille façons dont on la reproduit en peinture, on peut supposer qu'elle a été poussée
au dernier degré de la perfection. Comme sujet d'ornement, la pivoine *boutan* n'est pas souvent employée seule, ce qui tendrait à prouver qu'elle est tenue en moindre estime que le
chrysanthème. Les plus beaux modèles qu'on en connaisse se trouvent sur les faïences renom-
mées de Satsouma : elle y est adroitement ramenée à une forme conventionnelle, sans rien
perdre des qualités harmonieuses qui peuvent contribuer à l'effet décoratif. On en verra un
bon spécimen sur le délicieux plateau de la planche XVI.

Et, à ce propos, nous ferons observer au lecteur avec quelle ingénieuse adresse, malgré le
souffle d'indépendance qui anime la décoration florale de ce plateau, les exigences de l'art ont
été remplies, soit au point de vue du décor des surfaces planes, soit dans l'absence totale
d'ombres portées, ou dans le sentiment de convention uniformément exprimé à l'aide de
rehauts d'or pour la pivoine et autres fleurs importantes. Il y a dans ce seul exemple, de
même au reste que dans toutes les planches de cet ouvrage, des leçons que nos artistes feraient
bien de méditer.

Une autre plante, presque aussi commune dans les œuvres d'art que la pivoine *boutan*, et
dont les Japonais font autant de cas, c'est le wisteria ou, comme ils l'appellent, le *foudsi*.
Siebold en parle avec éloge et fournit sur elle des détails intéressants. Le *foudsi* est une plante
grimpante, qui s'élève bien plus haut que notre chèvrefeuille et qui prend un tel développement que les Japonais ont coutume d'en faire des berceaux et des allées couvertes dans leurs
jardins et autour des temples. Ses racines s'étendent à une distance considérable et produisent
de nombreux rejetons, ayant jusqu'à 10 centimètres de diamètre et qui montent souvent à
plus de 5 mètres et demi de terre ; maintenus à cette hauteur par un treillage, ils couvrent
de leurs feuilles un espace de 2 à 3 mètres carrés. En dessous, leurs gracieuses lianes
retombent en masses touffues et flottent ainsi dans l'atmosphère du printemps ; elles sont
d'un charmant effet. C'est d'ordinaire en guirlandes que le *foudsi* est représenté par les
artistes.

Le wisteria est en pleine floraison aux mois d'avril et de mai, et l'on peut dire que tout ce
temps-là se passe chez les diverses classes de la population à entretenir les jardins, à errer le
long des allées couvertes, à se réunir sous les berceaux pour y boire le *saki* national ou pour
y danser et chanter au son des instruments de musique. C'est là qu'on improvise des pièces
de vers en l'honneur de la plante ou à la louange du doux printemps ; on les écrit sur des
bandes de papier qu'on attache aux lianes les plus belles. Sources de pure jouissance et pour
ceux qui les composent et pour ceux qui viennent à les lire en se promenant ! La littérature

japonaise est riche en poésies aimables et spirituelles consacrées au *foudsi,* qu'on célèbre comme l'emblème de la jeunesse et du printemps.

Des représentations de cette plante décorent, en certains jours de fête, les salles de réception, et en général elles y indiquent les places d'honneur.

Siebold rapporte une curieuse coutume qui se rattache au *foudsi.* En allant à Yédo, il remarqua dans la cour d'un temple, sur les grappes de fleurs qui n'étaient pas encore écloses, des bandes de papier de toutes couleurs ; et on lui apprit que des jeunes filles les y avaient fixées dans l'intention de connaître, selon le plus ou moins de développement du rameau choisi, quel sort les attendait en mariage.

L'iris (*kosaï*) est encore une des fleurs préférées de notre artiste, sans doute à cause de son port imposant, quoique gracieux, qui contraste par une agréable variété de lignes avec des plantes d'une pousse plus capricieuse. Il a été évidemment introduit dans le plateau de Sat-souma, que nous venons de mentionner, afin de relever le premier plan et de donner de la fermeté à cette partie du dessin, qui, sans cela, paraîtrait molle et peu satisfaisante. Dans les ouvrages en laque, en ivoire et en métal l'iris se montre fréquemment, et en général on l'accentue en composant ses fleurs, quelquefois aussi ses feuilles, de matériaux différents : pour la fleur on emploie la nacre, dont les variétés blanche et purpurine reproduisent au vif, quand elles sont bien travaillées, les couleurs éblouissantes de l'iris ; sur le bronze on l'imite avec l'or et l'argent.

Quoique les lis croissent en abondance au Japon, que les espèces y soient nombreuses et qu'on en rencontre presque partout, même au bord des chemins, ils ne figurent pas dans l'art aussi souvent que les fleurs précédentes. On n'en comprend pas bien le motif, des objets beaucoup plus communs et d'une beauté discutable étant d'un fréquent usage. Les lis du Japon sont depuis longtemps appréciés de nos pépiniéristes, et l'on importe tous les ans en Europe d'immenses quantités d'oignons. Le nom japonais du lis est *youri.*

L'hydrangée (*otaksa*), le liseron (*asagao*) et le nénuphar (*hasou*) sont très-souvent peints sur la laque et la porcelaine, le liseron entre autres, que sa nature grimpante fait rechercher dans les sujets de fantaisie. Le nénuphar suggère beaucoup d'idées à l'artiste intelligent, qui les reporte sur le bronze et la porcelaine : ainsi cette plante seule, avec ses feuilles, ses fleurs et ses boutons, lui fournit des dessins de théière, de tasses, de soucoupes et d'autres articles en porcelaine ; et de brûle-parfums, de chandeliers et d'ustensiles d'un emploi quotidien, en bronze. Durant des siècles le nénuphar a été l'objet d'une sorte de culte dans l'Inde et en Chine, où il était regardé comme le symbole exclusif de la fécondité ; la même croyance a sans doute prévalu au Japon. Bouddha ainsi qu'un grand nombre de divinités et de saints personnages sont représentés dans ces différents pays, qu'ils soient assis ou debout, avec des fleurs ou des feuilles de nénuphar à leurs pieds.

Nous pourrions en dire davantage sur ce sujet ; mais un ouvrage tel que le nôtre, qui embrasse toutes les branches de l'art, doit être forcément imparfait s'il se renferme dans de justes limites.

Les arbres réclament à présent notre attention ; comme on semble les mettre au-dessus des fleurs et qu'ils tiennent plus de place dans les règles du cérémonial japonais, ils méritent d'être traités avec plus de détails.

Au premier rang vient le plus majestueux de tous les arbres du Japon, le *kiri*, auquel Siebold a donné le nom, qui lui est resté en botanique, de *paulownia impérial*.

Voici comment s'exprime à ce sujet le savant voyageur : « Nous avons donné le nom de « *paulownia imperialis* au nouveau genre formé du *kiri*, qui jusqu'à présent avait passé à « tort pour un *bignonia*, afin de rendre hommage à Son Altesse impériale et royale la prin- « cesse héréditaire des Pays-Bas [1]. Ce n'est pas uniquement la beauté de ce végétal qui « m'a décidé à en faire un genre à part, mais plutôt parce que sa feuille, surmontée de trois « de ses fleurs, servait d'armoirie au célèbre Taïko-Sama et qu'elle est, pour cette raison, « encore vénérée au Japon. Le *kiri* est une des plus magnifiques productions de la nature dans « ce pays. Il atteint une hauteur de 15 à 20 mètres et étale ses branches horizontalement, en « rameaux peu nombreux mais forts et épais, à angles droits, de manière à former une cime « arrondie. Ses feuilles, larges et opposées, sont cordiformes à la base, ovales, presque entières « ou découpées en trois lobes inégaux dont le plus long est au centre, et couvertes d'un « duvet blanchâtre. Ses belles fleurs commencent à pousser dans les premiers jours d'avril, « après la croissance des feuilles, et exhalent une odeur de vanille ; elles sont disposées en « courtes panicules pyramidales, ce qui les fait ressembler aux fleurs de nos marronniers, et « elles se rapprochent aussi, pour la forme, la grandeur et la teinte d'un bleu violacé, de la « digitale pourprée ; les boutons s'ouvrent en automne, à la chute des feuilles, et renfer- « ment beaucoup de graines, pourvues d'une aile membraneuse et transparente [2]. »

Tout en rappelant que Taïko-Sama, le héros populaire, avait admis le *kiri* dans ses armes, Siebold a oublié de mentionner qu'il figure au même titre, ainsi que le *kikou*, dans celles des empereurs du Japon, honneur qui lui fut probablement accordé après la mort du fameux guerrier. La gravure ci-après le représente tel qu'on le voit aujourd'hui sur le blason impérial.

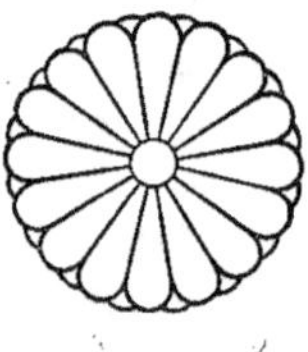

KIRI-MON.

Le *kiri* se rencontre dans l'art sous sa forme naturelle et conventionnelle à la fois. Dans la première, on l'associe ordinairement au *ho-ho*, oiseau fabuleux sur lequel nous reviendrons plus loin ; dans la seconde, c'est une copie exacte de l'emblème héraldique (*kiri-mon*), ou à peu de chose près, ou bien une variante de fantaisie.

---

[1] Anne-Paulowna, fille de Paul Ier, empereur de Russie, et femme de Guillaume II, qui devint roi des Pays-Bas en 1849 ; elle est morte le 1er mars 1865.

[2] *Flora japonica*, par P.-F. de Siebold ; Leyde, 1838, in-folio.

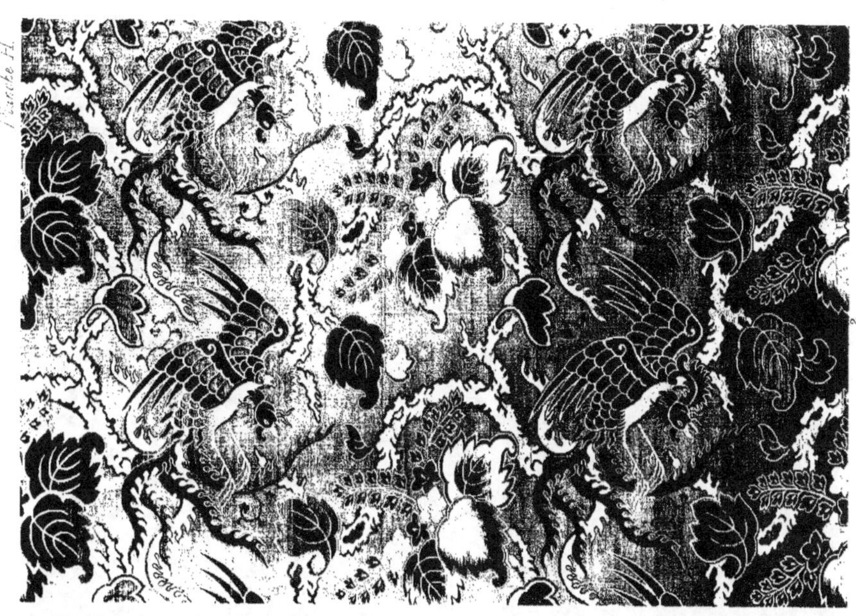

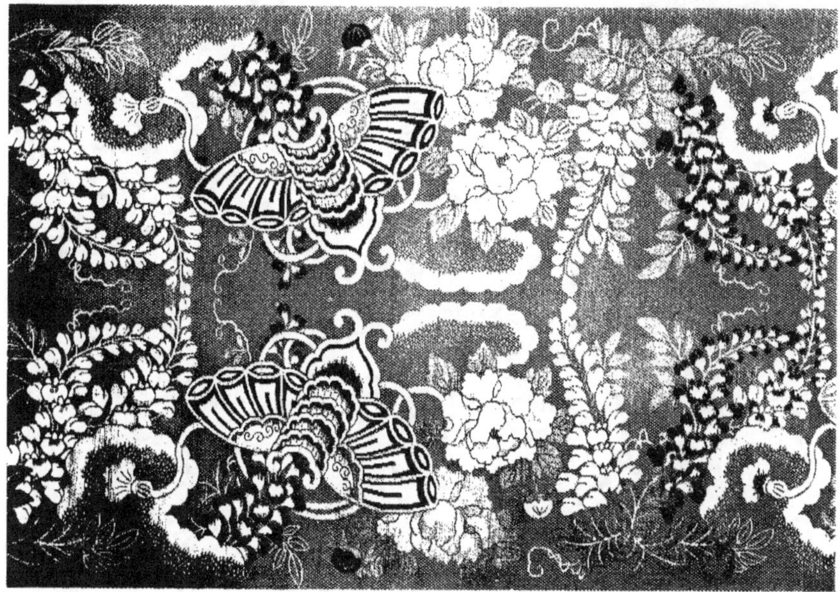

En décor, le *kiri-mon* est employé pour les semés, quelquefois seul, le plus souvent alterné avec l'autre emblème impérial, le *kikou-mon*. Ce dernier, au contraire, ainsi que nous l'avons déjà dit, se montre presque toujours seul, et il est d'un usage beaucoup plus général. Quand le *kiri* fait partie des modèles pleins ou des damassés, il est toujours librement traité ; l'on en verra un bel exemple, tiré de la collection Bowes, et dans lequel le damassé se compose tout entier de branches de *kiri* et de *ho-hos* qui volent (*voy.* planche H, fig. 2).

Aucun arbre n'est plus fréquemment reproduit dans l'art japonais que le prunier (*moumi*), et ses fleurs (*moumi no-hana*) sont les motifs favoris de l'ornement. Il croît dans tout l'empire, mais c'est dans les provinces du nord qu'il prend son plus beau développement : il y atteint jusqu'à 6 mètres de hauteur ; à l'état sauvage, il en dépasse rarement 4, et même dans les haies sa hauteur commune est de 2 à 3. On cultive en grand le *moumi*, non moins pour ses fruits que pour ses jolies fleurs ; mais on estime surtout ces dernières, et l'artiste les admet seules à l'honneur de la reproduction. Nous ne connaissons pas d'exemple du fruit retracé sous une forme quelconque. L'arbre est en fleurs au commencement de février, et, d'après le témoignage de Siebold, tous les autels des idoles, soit dans les temples, soit dans les demeures privées, sont parés, à cette époque, de branches de *moumi* en fleurs, comme symbole et messager du printemps. Le même savant nous apprend aussi que les fleurs varient beaucoup de couleur : celles des sauvageons sont blanches, tandis que celles des espèces cultivées revêtent toutes les nuances entre le blanc et le rouge, parfois avec des teintes vertes et jaunes. Les espèces de choix sont à fleurs doubles ; on les plante, de préférence aux autres, dans les jardins particuliers et dans l'enceinte des temples. Les Japonais, paraît-il, aiment à réunir les variétés de *moumi*, et Siebold rapporte qu'à l'époque de son voyage, le prince de Tsikou-sen en possédait plusieurs centaines.

La littérature japonaise fait de nombreuses mentions du *moumi*, soit dans les légendes des saints, soit dans les vies des moralistes et des poëtes. Il n'est donc pas étonnant qu'on en soit venu peu à peu à regarder l'arbre comme sacré. En certaines localités qui donnent lieu à des pèlerinages, on montre les troncs de vieux *moumis*, sous l'ombrage desquels s'étaient assis des princes divinisés, de grands législateurs avaient revisé leurs lois morales, des prêtres et des poëtes inspirés avaient composé leurs chants sublimes. Les boutures que les dévots rapportent de ces arbres vénérés n'ont pas cessé jusqu'à ce jour d'être respectées du peuple.

Le type artistique du *moumi* est un arbre essentiellement anguleux et couvert d'épines, de telle sorte que, même en le représentant en plein hiver, sans feuilles ni fleurs, on le distingue aisément des autres. Dans la partie supérieure du plateau de Satsouma (*voy.* planche XVI) il y en a un fort beau modèle, qu'à ses fleurs d'un rouge foncé l'on reconnaît pour quelque espèce rare. C'est pourtant le *moumi* sauvage qui se rencontre le plus souvent; sur la porcelaine blanche et bleue il forme un décor exquis. Le prétendu « modèle aubépine », si recherché des collectionneurs en ces derniers temps, porte simplement des fleurs blanches de *moumi* sur fond bleu.

On trouve le *moumi* dans toutes les branches de l'art japonais. Sur la porcelaine il est en général peint, et parfois traité en relief, ainsi qu'on peut le voir sur la paire de petits vases de la collection Beck (*voy.* planche XXI, 3ᵉ compartiment); dans la porcelaine blanche et bleue il est blanc sur fond bleu ou liséré de bleu sur fond blanc. Dans les ouvrages laqués on le représente, comme le chrysanthème, au moyen de rehauts de nuances diverses ou d'appliques en métal, en nacre, en ivoire, etc. Sur le bronze la fleur du *moumi* est ciselée d'ordinaire en argent.

Le sapin (*wo-matsou*), si fréquemment reproduit, ne le cède en importance qu'au *moumi*. Il croît dans tout le Japon et, quand il n'est pas abandonné à l'état sauvage, on le soumet à une culture attentive. Le peuple l'entoure d'un respect superstitieux : il connaît à son sujet une kyrielle de fables naïves, de contes, de légendes merveilleuses, dont le récit charme les enfants et les vieillards; il lui attribue une longévité presque surnaturelle et une influence salutaire sur les hommes. On le croit indispensable au bien-être d'un véritable Japonais, qui s'empresse de le planter partout où il demeure. Il y a des sapins autour des temples des dieux, et leur ombre abrite les chapelles des saints et des patrons. Aux jours de fête on décore de ses branches le seuil du logis et la place d'honneur des salles de réception; et dans les cimetières il est un des arbres symboliques qui protégent le repos des morts. Symbole universel d'une existence longue et prospère, il figure en cette qualité, avec le *moumi*, devant le palais de l'empereur. Siebold, notre principale autorité pour ce qui concerne la flore du Japon, rapporte que l'art du jardinier a épuisé toutes ses ressources sur la culture de ces arbres : en effet, il sait les tailler de mille manières et disposer leurs branches en parasol, en espalier ou en toit plat. Dans cette culture artificielle les extrêmes se touchent : on n'est pas moins surpris de voir des sujets qui atteignent d'énormes proportions et d'autres tellement réduits qu'on les couvrirait avec la main. A Osacca, Siebold alla visiter le fameux sapin qui s'élève devant la maison de thé et dont le feuillage, artificiellement développé, s'étendait à 135 pas de circonférence. Il dit aussi que sur les grandes routes le sapin forme des avenues d'une centaine de lieues et que, planté de distance en distance sur les monticules, il sert dans tout l'empire de borne milliaire.

Le sapin est traité dans l'art à son état naturel, tantôt en entier, tantôt par rameaux. Il est plus fréquent dans les laques et bronzes que dans la céramique. Rien ne peut surpasser l'étonnante vigueur avec laquelle ces arbres font saillie sur les belles pièces de bronze, sinon peut-être le modelé superbe et naturel des faucons ou des aigles qu'on a coutume d'y placer sur leurs branches. Presque toujours le sapin figure comme emblème de bonheur et de longévité ; dans ce cas, il va souvent de compagnie avec le bambou, la grue et la tortue, qui ont une même signification, sur les paravents, et l'on peut ajouter sur toutes sortes de décors. Quelquefois il est peint couvert de neige, allusion parlante à une heureuse vieillesse. Il est assez étrange que le symbolisme artistique des Japonais ne personnifie pas autre chose que les grâces de ce monde ; une belle jeunesse, un âge mûr prospère, une longue existence, voilà ce qui le résume. Cela tient sans doute en grande partie à la simplicité des mœurs, commune à toutes les classes de la société, ainsi qu'à la passion du beau dans la nature, passion qu'en tous lieux et en toute saison il est si aisé de satisfaire dans cette contrée fertile et romantique.

On rencontre parfois une composition symbolique, dont le sens est assez obscur à nos esprits encore peu éclairés : elle consiste en un sapin planté sur le dos d'une tortue à queue. La collection Bowes en possède un spécimen très-intéressant. Dans un bloc de bois dur, de couleur foncée, a été sculptée une tortue en marche, avec une queue en fils d'argent ; au milieu de son dos s'élève un sapin, du même bois, parmi les branches duquel sont perchés trois petits oiseaux et deux grues, ceux-ci taillés en ivoire ; à la cime de l'arbre est une de ces boules en cristal de roche qui ont rendu si fameux les lapidaires japonais. La tortue, le sapin et les grues sont des symboles reconnus de longévité ; mais que signifie la boule de cristal ? Nous avons vu une autre représentation de la tortue et du sapin sur un petit panneau en faïence de Kioto ; mais la boule et les grues n'étaient point coloriées.

Le bambou, l'un des végétaux les plus utiles du Japon, est d'un emploi constant dans le décor. Son port droit et élevé, qui le distingue si fort de leurs modèles accoutumés, l'a sans doute recommandé à l'attention des artistes ; aussi, avec ses nœuds nombreux et son gracieux dôme de feuillage, devient-il entre leurs mains un puissant motif d'ornement. Pour les bandes étroites et verticales rien ne saurait mieux convenir. Un bouquet de bambous, quelques feuilles par-ci par-là, un petit oiseau qui s'envole, voilà un de ces sujets familiers que la mémoire ne manque pas d'associer au nom des artistes japonais, ces infatigables amants de la nature. Le bambou sert à construire des maisons et à fabriquer des articles domestiques ; on taille son bois, on le sculpte, on l'incruste, on le laque pour une foule d'objets d'art. Comme le sapin, c'est un emblème de longévité, parce qu'on lui attribue, selon Kæmpfer, une longue existence ; la croissance du bambou commun, ajoute-t-il, durerait plusieurs siècles, et on lui fit voir, à l'appui de cette opinion, plusieurs de ces arbres qui étaient parvenus à des dimensions extraordinaires.

Les pots à fleurs japonais sont les plus bizarres du monde : on les façonne avec de courtes baguettes de bambou, coupées entre les nœuds et formant une sorte de treillis à travers lequel les plantes poussent à l'aventure. Un parti plus ingénieux encore qu'on tire du bambou, c'est d'en faire ces mignonnes armatures clissées qui enveloppent les petites tasses en porcelaine du Fizen.

La simplicité de goût est un des traits distinctifs de l'artiste japonais, et l'une des meilleures preuves qu'on en puisse avoir est sa façon de peindre les brins d'herbe. Ces bagatelles, comme on pourrait les appeler en comparaison de ses compositions décoratives, ne sont pas seulement d'un fini exquis, elles expriment presque toujours un sentiment. Voici, par exemple, un petit médaillon avec quelques hachures en noir contre un disque blanc à moitié visible; les brins d'herbe semblent dire : Quelle est douce la caresse du vent à la lumière argentée de la lune! Et celui-ci, avec sa riche végétation chargée de graines; ne sort-il pas de ces herbes mollement balancées comme des fougères une voix qui chante : O les délicieuses brises qui courent l'été sur la prairie! En voici un troisième, dont les herbes flétries et brisées racontent dans leur attitude plaintive les cruels ravages de l'hiver. C'est une tâche facile de constater, jusque dans les choses les plus insignifiantes en apparence, le profond amour de la nature inné chez les Japonais ainsi que la simplicité raffinée de cet amour, à qui suffisent, pour se manifester, d'aussi menus accessoires que des brins d'herbe. On se convaincra, d'après les remarques générales que nous avons faites sur la végétation, que l'artiste ne se contente pas d'un ensemble satisfaisant; il cherche, en effet, à exprimer dans ses œuvres l'idée poétique ou la force naturelle qu'il lui serait impossible de rendre sous une forme physique. Si l'on veut s'assurer que telles sont ses intentions, qu'on passe en revue les titres dont il accompagne souvent ses dessins pittoresques. Au reste, nous aurons lieu de revenir plus loin sur ce sujet.

Fleurs, arbres et gazon composent les éléments essentiels du décor dans tous les ateliers japonais, qui les appliquent jusqu'aux plus humbles articles de la vie domestique. Nous avons sous les yeux des serviettes en toile grossière de coton, qui au Japon se vendent environ deux sous pièce, ornées chacune de fleurs, de bambous, etc., avec assez de goût pour avoir exigé de l'artiste de longs jours d'étude; nous avons aussi plusieurs feuilles d'un papier à lettre à l'usage des dames, qui portent des bouquets de fleurs d'un dessin léger, accusé çà et là sur les pétales. Ces exemples, empruntés à la vie journalière, aident à montrer à quel point l'amour du beau anime ce peuple. De tous ses artistes les peintres sur porcelaine sont peut-être ceux qui le plus habilement combinent les formes végétales avec les exigences de l'ornementation, et il suffit, pour s'en convaincre, de jeter un coup d'œil sur les planches de cet ouvrage.

Après les plantes, c'est à rendre les oiseaux que les Japonais réussissent le mieux; et il leur plaît tout autant de les rendre seuls qu'avec les végétaux. Les habitudes des oiseaux leur fournissent des traits inépuisables d'imitation; ils les observent sans cesse et savent les peindre avec une surprenante fidélité dans leurs actes ou leurs attitudes. C'est surtout dans la poterie, les laques, les livres illustrés, les dessins originaux qu'ils déploient leur talent en ce genre, bien qu'on en trouve de remarquables spécimens dans les ouvrages en métal et en ivoire. Quelle que soit la matière, partout où un oiseau est représenté, il y a lieu d'étudier et d'admirer tout ensemble.

Les volatiles favoris sont la grue, le canard sauvage et le canard domestique, l'oie sauvage, le paon, le faisan, le corbeau, l'épervier, le faucon, les oiseaux de basse-cour et plusieurs autres communs dans le pays.

La grue (*tsourou*) est tenue par les Japonais dans une espèce de vénération et acceptée, à cause de la longue existence qu'on lui suppose, comme un emblème de longévité. Ces motifs l'ont recommandée par excellence aux artistes, qui la prodiguent dans toutes les manifestations de leur talent. On la rend avec une extrême variété de poses, et il serait difficile d'en tirer, au point de vue décoratif, un effet plus saisissant. Un fait singulier, c'est qu'on évite de la représenter morte ; du moins nous ne l'avons jamais vue ainsi ; ce qui s'accorderait avec l'idée symbolique attachée à cet oiseau.

L'Allemand Kæmpfer, qui parcourut le Japon de 1690 à 1692, parle ainsi de la grue : « Le *tsourou* est le principal des oiseaux sauvages du pays, et il jouit de ce privilége exclusif « que personne n'a droit de le chasser sans un ordre exprès de l'empereur et seulement pour « le plaisir ou l'usage de ce prince. La grue et la tortue sont regardées comme des animaux « très-heureux par eux-mêmes et qui portent bonheur aux autres, et cela en raison de leur « longévité fabuleuse, dont on rapporte plusieurs exemples remarquables dans les annales « historiques. C'est pourquoi l'on décore de leurs figures les appartements impériaux, les « murailles des temples et autres endroits réputés heureux ; on y peint aussi des sapins et des « bambous pour un semblable motif. Je n'ai jamais entendu les gens de la campagne et les « portefaix appeler cet oiseau autrement que *O tsourou sama*, c'est-à-dire *notre puissante dame* « *la Grue*. Il y en a de deux espèces différentes, l'une d'un gris cendré, l'autre d'une blan- « cheur de neige [1]. »

Dans la céramique la reproduction de la grue est très-fréquente, tantôt seule, au repos ou volant, tantôt par troupes et en toutes sortes d'attitudes. Un grand plat en porcelaine de Fizen, appartenant à M. Énoch Harvey, de Liverpool, est entièrement couvert par un vol de grues blanches sur fond bleu. Certaines pièces de faïence portent des grues peintes en relief au moyen d'émaux opaques blanc et noir pour le corps et les plumes de la queue.

La décoration des ouvrages laqués contient souvent des grues, délicatement travaillées en or et laque de couleur ou appliquées en ivoire ou en nacre à la surface.

Ainsi que le rapporte Kæmpfer, il n'est pas rare de voir des grues sur les paravents et les tentures, dans les maisons particulières et dans les temples, et alors elles sont de grandeur naturelle, avec d'autres emblèmes de bonheur et de longévité, tels que le sapin, le bambou et le *moumi*. Si elles volent haut, c'est parmi des nuages, afin de donner une idée de l'espace ; si leur vol est bas, quelques arbres qui pointent à l'horizon indiquent l'approche de la terre.

La grue est un modèle recherché des brodeurs, qui savent, avec une adresse incomparable, imiter sur la soie jusqu'au plus mince détail de leur plumage.

Dans les ouvrages en métal, cet oiseau se rencontre aussi fréquemment, soit coulé en bronze, soit façonné en métaux précieux et relevé dans les parties colorées d'autres métaux ou d'alliages. Un Japonais aime à placer une grue en bronze dans son jardin miniature ; et l'on en fond pour cet usage de toutes les dimensions et dans des poses variées.

Partout où il représente une grue, dessins originaux, éventails, gravures, l'artiste exprime de mille manières ses mouvements et ses habitudes ; mais il n'est jamais plus habile qu'à la

[1] Kæmpfer, *the History of Japan* ; Londres, 1727, 2 vol. in-folio.

peindre en raccourci. Cette observation, du reste, s'applique avec autant de force à chacun des oiseaux qu'il veut reproduire.

Une ancienne loi, qui n'est pas encore tombée en désuétude, interdit l'emploi des armes à feu dans un rayon de 48 kilomètres autour du palais impérial; et l'on doit à cette loi le maintien de la chasse au faucon ainsi que le goût d'en peindre les scènes. En effet, on en voit de nombreuses sur les paravents, qui au Japon servent de cloisons temporaires dans les appartements, sur les éventails et notamment dans les ouvrages illustrés consacrés à la fauconnerie.

Le faucon (*taka*) et l'aigle (*wachi*), moins communs que la grue et d'autres oiseaux sur les produits de la céramique ou de la laque, n'en sont pas moins traités avec une égale supériorité.

On leur préfère le faisan (*kidji*), qui contribue à la richesse de l'ornementation. Il en existe une espèce que Kæmpfer a décrite : « Elle se distingue surtout », dit-il, « par le lustre de son « plumage et par la beauté de sa queue, longue de plusieurs pieds, et qui ne le cède point à « celle du paon pour le rare assemblage des couleurs, où dominent le bleu et l'or. » Les artistes du Satsouma et de Tokio ne se lassent pas de peindre ce splendide oiseau, et souvent en compagnie de sa poule, d'une livrée inférieure à la sienne.

La faveur artistique recherche plusieurs espèces de canard, une entre autres, nommée *otchi-kamo,* et dont Kæmpfer parle en ces termes[1] : « Cette espèce, très-commune au Japon, « et que je ne peux passer sous silence, est remarquable à cause de la surprenante beauté du « mâle; il est d'une taille si élevée que l'ayant aperçu en peinture je ne pus en croire mes « yeux jusqu'à ce que j'eusse vu l'oiseau lui-même. Son plumage est merveilleusement nuancé « des plus riches couleurs, surtout de rouge autour du cou et à la poitrine. Sa tête est sur- « montée d'une huppe magnifique. Sa queue qui se dresse obliquement et ses ailes retrous- « sées sur le dos d'une façon singulière offrent à l'œil un spectacle aussi curieux qu'extraor- « dinaire. »

Lorsqu'on représente ensemble un canard et une cane, c'est, dans l'idée des Japonais, une allégorie de la félicité conjugale. On voit aussi le mâle seul, comme sur une jardinière, en faïence de Satsouma (appartenant à M. W.-J. Audsley), où il se tient sur un rocher qui s'élève au centre d'un bassin.

Le paon (*kouya-kou*) ne pouvait échapper à l'étude d'artistes aussi amoureux du beau ; c'est une sorte de décor universel. Dans le Fizen on le peint en bleu et dans le Satsouma avec sa magnifique livrée (*voy.* planche XII). Il n'est pourtant pas originaire du Japon, où il n'a été introduit qu'à la fin du dix-septième siècle. On raconte à ce sujet l'histoire suivante. Aux fêtes du nouvel an, un prince de Sisen traitait dans un banquet les personnages de distinction qui étaient venus en foule à sa cour lui présenter leurs hommages et le complimenter à la manière accoutumée. Après le repas, on les invita à passer en revue les nombreux présents envoyés au prince, et ils restèrent frappés d'admiration en présence de deux oiseaux étrangers qui n'étaient connus d'aucun d'eux : un paon et sa femelle. Le prince s'avisa, pendant qu'ils disser-

---

[1] Il lui donne le nom de *kinmodsoui.*

taient sur la beauté de ces volatiles, de leur demander quel était le mâle. Les hommes, se
tournant vers les dames parées de riches atours et avec la galante intention de leur être agréables, s'écrièrent d'une commune voix que le plus beau des deux oiseaux devait être la femelle;
mais les dames, de leur côté, émirent modestement un avis contraire. « Vous avez raison, »
dit le prince en saluant ces dernières; « ainsi le veut la nature. Il me semble déraisonnable
« que la femme prétende être plus richement vêtue que le mari, chargé de pourvoir à son
« entretien. » Voilà un excellent sermon de nouvelle année, fait observer Kæmpfer, pour un
prince païen !

L'oie sauvage (*gan*) est très-habilement rendue, comme la grue, et dans toutes les attitudes
qui lui sont familières. Nous appelons l'attention du lecteur sur un grand plat de Kioto (*voy.*
planche XXXIX), où figure une troupe d'oies sauvages exécutée avec infiniment de goût.

Les oiseaux de basse-cour, le coq entre autres (*ondori*), se rencontrent souvent sous le
crayon de nos artistes. C'est un fait avéré qu'on entretient des coqs dans l'enceinte des temples parce qu'ils annoncent les variations de la température et que, par la régularité de leur
chant, ils indiquent le passage des heures; ce qui explique pourquoi on les représente habituellement perchés sur le toit d'un temple. Les Japonais le dessinent avec beaucoup de feu et
ne manquent pas de lui donner des allures pompeuses et superbes.

Quant aux oiseaux d'une reproduction moins fréquente, qu'il nous suffise de dire qu'on les
interprète aussi soigneusement que les autres et dans un sentiment fidèle.

« Si l'on considère », dit Kæmpfer, « la grandeur et l'étendue de l'empire japonais, on
« remarquera qu'il est assez pauvre en quadrupèdes, privés ou sauvages. Ceux-ci n'y trouvent
« que bien peu d'endroits déserts, où ils puissent croître et multiplier et suivre leurs instincts
« farouches; ceux-là ne sont élevés que pour le transport et l'agriculture. La doctrine de
« Pythagore sur la transmigration des âmes étant universellement admise, les indigènes
« s'abstiennent de viande, et vivant, comme ils le font, surtout de végétaux, ils savent amé-
« liorer le sol avec plus d'avantage qu'à en faire des prairies et des pâturages pour l'élève des
« bestiaux. » La chose étant ainsi, l'on ne doit pas s'étonner si les quadrupèdes se rencontrent
relativement si peu dans les œuvres d'art. On y voit souvent le cheval, parfois seul, plus
souvent avec son cavalier. Il n'y a presque point de bêtes féroces au Japon; le lion, le léopard,
le tigre, y sont inconnus. Aussi, lorsqu'il arrive aux artistes de les représenter d'après des descriptions ou de grossières images venues des contrées voisines, ils échouent misérablement, et
leurs essais avortés accusent clairement leur ignorance du sujet et l'absence d'études sur nature.

Parmi les quadrupèdes, le cheval (*ouma*) est leur favori et ils le dessinent avec talent, même
avec une certaine science de raccourci. Les tableaux votifs nommés *yema,* suspendus aux
murailles des temples *sintos,* représentent d'ordinaire un cheval et comptent au nombre des
tours de force de l'art japonais. L'adresse et la rapidité qu'on met à les faire sont dignes de
remarque. Ainsi, chez les peintres, c'est donner une preuve de talent de dessiner le cheval de
ces *yemas* le plus vite possible, en quelques coups de brosse et dans des conditions difficiles à
remplir. Un d'eux, par exemple, tenant deux brosses bien écartées dans sa main, les employait
l'une et l'autre à peindre un cheval, que, pour augmenter la difficulté, il avait entrepris à

l'envers. Dans les livres élémentaires le cheval est très-commun, et quelquefois il s'y trouve des pages entières consacrées à de petits croquis de l'animal, vu dans une grande variété de mouvements, avec ou sans cavalier.

Le renard (*kitsouni*) passe aux yeux des Japonais pour un proche parent du diable, ou au moins possédé d'un esprit malfaisant, et la littérature du pays renferme beaucoup d'allusions aux événements où ce démon à quatre pattes a joué un rôle considérable. Dans l'imagination des Japonais, le renard aurait le pouvoir de prendre à volonté l'apparence humaine et même le masque de personnes vivantes. Naturellement, d'après les légendes populaires, toute apparition entre amis n'a pour objet que de tromper celui qui en est témoin; d'où l'on est admis à conclure que le renard, cause de tout le mal, est doué d'une puissance plus subtile que celle de se métamorphoser, qu'avec la science infuse il a le don de l'ubiquité, ou, si l'on ne va pas si loin, qu'il est en rapport avec un être supérieur qui lui suggère ses ruses ou ses méfaits.

Au risque de nous écarter un peu de notre sujet, nous ne pouvons résister au plaisir de placer ici une légende racontée par Kæmpfer dans son intéressante *Histoire du Japon*. A propos du tableau des jours heureux ou funestes, il s'exprime ainsi : « Afin de donner plus « d'autorité à cette croyance, les Japonais disent qu'elle a eu pour inventeur le sage astro- « logue Abino Seïmeï, personnage d'un très-haut rang et profondément versé dans son art. « Il était né prince; il avait pour père le roi Abino Yassima et un renard pour mère. Abino « s'était marié avec ce renard dans les circonstances suivantes :

« Un jour, il lui arriva d'entrer avec un de ses serviteurs dans le temple d'Inari, qui est le « dieu protecteur des renards, pendant qu'au dehors ses courtisans chassaient cet animal pour « employer ses poumons dans la préparation d'un remède[1]. Sur ces entrefaites, un renar- « deau, traqué par les chasseurs, se précipita dans le temple, qui était ouvert, et chercha un « refuge sur la poitrine d'Yassima. Celui-ci, ne voulant pas livrer la pauvre bête, fut contraint « de la disputer aux barbares chasseurs et de repousser leurs attaques jusqu'à ce qu'à force « de bravoure il les eût dispersés et rendu l'animal à la liberté. Les chasseurs, honteux et « pleins de rage d'avoir été traités de la sorte, saisirent une occasion favorable et massacrèrent « le père du roi. Yassima fit preuve d'autant de courage que de prudence pour venger cette « mort et réussit à tuer les traîtres de sa propre main. Le renard, en témoignage de recon- « naissance pour son libérateur, lui apparut, après la victoire qu'il venait de remporter, sous « les traits d'une femme d'une éblouissante beauté, et sut l'embraser d'un tel amour qu'il « s'en fit épouser. De cette union naquit le fils dont nous avons parlé, et qui reçut en partage, « outre une sagesse surhumaine, le don inestimable de prophétie et de prédire les choses à « venir. Le roi n'apprit que sa femme était l'animal auquel il avait sauvé la vie dans le temple « d'Inari qu'en la voyant peu à peu reprendre sa forme primitive. Et ce n'est pas là, » ajoute en terminant notre historien, « la moins importante des légendes de leurs divinités. »

Il est de toute nécessité, si l'on veut avoir une idée exacte de l'art chez un peuple aussi réfléchi que les Japonais, de se familiariser avec sa littérature. L'exemple qui précède est un

---

[1] Dans les temps anciens, les médecins japonais croyaient, parait-il, à l'efficacité de quelques organes internes du renard, tels que le foie et le poumon, pour guérir certaines maladies ; il fallait les extraire du corps avant que la bête fût morte.

type curieux de ses fables mythologiques et peut aider à l'intelligence des superstitions pro-
pagées par les prêtres dans cette partie de la population où règnent l'ignorance et la soif du
merveilleux. On pourrait citer bien d'autres histoires, où le renard se plaît à jouer de méchants
tours à des créatures naïves ; la plupart sont divertissantes et ne manquent pas de sagesse.

Sans aucun doute la croyance aux métamorphoses du renard et d'autres animaux était
répandue au Japon à une époque peu éloignée, et jusqu'à un certain point elle domine
encore ; aussi ne sommes-nous pas surpris de la voir se traduire dans les œuvres d'art sous
toutes sortes d'imaginations fantastiques ou extravagantes. Par malheur, le sens nous en
échappe aujourd'hui complétement, à cause de l'imparfaite connaissance où nous sommes de
la littérature du pays, de ses légendes et des superstitions passées et présentes. A mesure que
le Japon s'identifiera davantage avec l'Occident et l'Occident avec sa langue et ses traditions
nationales, un temps viendra où l'on aura d'amples ressources pour étudier cette intéressante
matière.

Parmi les animaux auxquels on attribue des pouvoirs surnaturels, le blaireau (*tanouki*) est
celui qui reparaît le plus souvent dans les contes populaires ; mais, comme ses malices ressemblent à celles du renard, il est inutile de s'y arrêter.

Dans les ivoires grotesques des Japonais figure en première ligne le singe (*sarou*) ; il est
dessiné avec une rare intelligence et l'on a su tirer un excellent parti de sa tendance naturelle
à imiter les actions de l'homme. Sur le grès et la porcelaine on l'introduit quelquefois en cari-
cature ; les deux porte-bouquets de la planche XLIII le représentent en relief, dans une attitude burlesque, avec des bras d'une longueur démesurée.

Les autres animaux de la faune artistique sont le bœuf, le daim, l'ours, le chien, le chat, le
lapin, le rat et la grenouille ; ils sont reproduits avec vérité dans les dessins et généralement
avec des effets remarquables en sculpture.

Un examen attentif nous montre que la famille des quadrupèdes est, parmi les créations de
la nature, celle que nos artistes recherchent le moins. Il est difficile d'expliquer cette défaveur
à moins de la mettre, comme nous l'avons fait, sur le compte de la rareté relative de ces
animaux et du peu d'occasions de les étudier sur place. Malgré cela, il y a, croyons-nous, un
autre motif : c'est de ne pas se prêter volontiers au génie fantasque et au maniérisme d'artistes
aussi légers et railleurs que ceux du Japon. Le singe fait exception parce qu'ils ont pris l'habitude de le traiter moins en quadrupède qu'en bipède, et que sa ressemblance avec l'homme
leur permet de s'abandonner à toutes les extravagances.

Quant à l'éléphant, que l'on rencontre quelquefois, c'est un emblème bouddhiste, emprunté
à l'art indien.

Les Japonais de nos jours tiennent en un grand respect cette tradition de leurs pères que
dans les premiers âges leur race formait une nation de pêcheurs. Ce n'est pas un trait commun chez les nations ou les individus, qui sont parvenus au faîte de la grandeur et de la puissance, d'aimer à se rappeler, ou à apprendre aux autres, leur humble origine. Au Japon, où
tant d'arrogance prévaut depuis des siècles, unie à la noblesse de l'âme et à un sentiment
unique de l'honneur ; où le sacrifice de la vie a toujours été préféré à la disgrâce personnelle,

et jusqu'à l'ombre d'un soupçon, nous avons un exemple de cette humilité peu commune. « Nous tâchons, disent les Japonais, de ne pas oublier que nous avons été jadis un peuple de pêcheurs et que la mer nous a nourris de ses trésors; cela nous maintient dans la modération et nous défend des tentatives d'un luxe énervant; quelle que soit notre fortune, rappelons-nous notre humble origine, et efforçons-nous, en menant la conduite simple et économe de nos ancêtres, de devenir aussi grands qu'eux. » C'est pour rester fidèles à ce sentiment que les habitants du Japon, depuis le plus puissant jusqu'au plus misérable, accompagnent invariablement leurs présents d'une tranche de poisson sec. Sans aller jusqu'à prétendre que dans les temps modernes cet usage ne s'est conservé que sous l'influence d'une longue routine, nous soupçonnons fort que dans la haute société il a pris une teinte d'orgueil qui singe l'humilité. Quoi qu'il en soit, c'est un usage qui remonte loin, sans doute à l'époque où les cadeaux de poisson se faisaient en nature et avaient une certaine valeur comme aliments; il s'est perpétué depuis, et peu à peu la mode des cadeaux magnifiques, consistant d'ordinaire en œuvres d'art, a réduit l'ancien cadeau de poisson frais à une simple tranche de poisson sec, — symbole effacé d'un passé lointain, souvenir des travaux pénibles de ceux qui fondèrent le puissant empire du Japon.

Après avoir lu ce qui précède, on ne s'étonnera pas de trouver fréquemment dans l'art japonais des poissons et d'autres productions de la mer, toujours reproduits avec autant de fidélité que de talent. De tous les êtres animés les oiseaux sont certes les plus grands favoris des Japonais, probablement à cause de leur beau plumage, de la grâce de leurs mouvements et de la convenance avec laquelle on peut les introduire, seuls ou parmi les fleurs et le feuillage, dans les divers genres d'ornement; mais les poissons et les coquillages viennent à la suite dans leur estime et reçoivent d'eux à l'occasion les touches les plus délicates.

La gravure ci-après en fournira un exemple. Elle représente une espèce de bouton, en

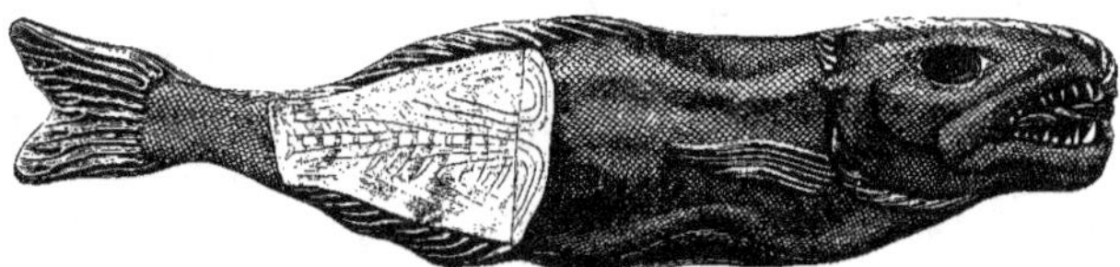

POISSON EN LAQUE INCRUSTÉE (COLLECTION BOWES).

laque incrustée et en marqueterie, ayant probablement servi à suspendre l'appareil des fumeurs japonais; ce bouton a la forme d'un poisson, écorché sur l'un des flancs, et l'exécution en est d'un travail achevé. Il existe au Japon une coutume particulière, observée dans certains repas de cérémonie, à savoir celle d'apporter sur la table des poissons vivants dans des vases pleins d'eau, de les ouvrir sur le côté et d'en manger la chair encore toute palpitante. Nous allons dire en quelques mots, d'après le témoignage d'un habitant du pays, comment se pratique cette singulière coutume. Dans un des lacs de l'intérieur on pêche une espèce de poissons trèsprisés des gourmets pour la délicatesse de leur chair. Ils sont pris vivants, déposés dans des viviers remplis d'eau du lac et expédiés dans les villes, de façon à paraître sur table en parfait état de santé. Transvasés alors dans des bassins portatifs en porcelaine, en laque ou en bronze, on les place bien en vue des convives durant le repas. Au moment de les manger, l'on en tire un du bassin et l'on commence, pour le faire rester tranquille, par lui bander les yeux avec du papier mouillé; puis, en se servant d'un canif bien affilé, on lui pratique adroitement au flanc deux incisions, et la tranche de chair vive ainsi détachée est offerte au plus honoré des convives, qui s'empresse d'assaisonner de condiments et de manger un si friand morceau. Quant au malheureux mutilé, on le replonge tout vivant dans le bassin.

La figure ci-dessus nous montre le poisson après l'opération faite, car il a été modelé le flanc ouvert. On emploie à ces menus objets différents matériaux : la peau du front est rendue par une fine mosaïque de fausses arêtes incrustées dans la laque; les dents semblent être naturelles; les nageoires, la queue et d'autres endroits du corps sont laqués d'or; enfin, la partie mutilée a été ingénieusement imitée avec de la nacre versicolore, matière que les artistes japonais savent manier d'une façon incomparable. Ce n'est pourtant là rien de plus qu'un bouton pour accrocher le porte-pipe d'un fumeur et transformé en un poisson vulgaire; mais il nous apprend clairement quel cas l'auteur faisait de cet animal, au point de n'épargner ni soins ni peines pour en donner une reproduction fidèle. Ce simple *bibelot*, comme on dirait à présent, a été élevé, grâce à un merveilleux travail, jusqu'au rang des chefs-d'œuvre de l'orfévrerie, et nous reporte en pensée à l'époque où les maîtres de l'art ne dédaignaient point de consacrer des mois de labeur à un éventail ou à la poignée d'une dague et d'y prodiguer les trésors de leur imagination. Aujourd'hui, une machine à estamper de Birmingham suffit à tout cela; on ne manquera pas d'approvisionner le Japon de ces outils expéditifs, qui estamperont sous peu les derniers vestiges de l'art national.

Mais revenons à notre sujet.

Dans l'art japonais, les poissons se rencontrent à chaque pas, traités à l'encre de Chine avec une entière franchise d'allures, quelques touches d'ombre suffisant à les représenter dans la rigidité de la mort ou au milieu des souples mouvements de la vie. Soigneusement dessinés, d'une exactitude saisissante pour les détails et revêtus de leurs couleurs naturelles, ils se jouent au sein des vagues écumantes ou sont entraînés dans le courant d'une cascade. Taillés dans l'ivoire, ils figurent sur la toilette des dames sous la forme de boîtes à cosmétique; fondus en bronze, ils servent à contenir des liquides, ciselés sur l'or et l'acier, à rehausser la garde des sabres, moulés en porcelaine, à orner des vases à fleurs ou des plats pour le service de table; incrustés sur bois et sur laque, ils décorent des cabinets et toute sorte d'objets domestiques; enfin, façonnés en papier huilé et gonflés d'air, on les suspend à de longues perches pour annoncer, un jour de fête, qu'il est temps de se livrer à la joie.

A en juger d'après les produits de l'art national, les mers qui entourent l'empire du Japon paraissent renfermer une immense variété de poissons, de crustacés et d'autres animaux marins, dont la plupart sont remarquables par des formes peu communes et par l'éclat de leur livrée. Nous donnons plus loin (pl. K) une série de figures tirées d'un intéressant album de dessins coloriés sur soie, où les principales espèces sont reproduites avec beaucoup de talent et de verve.

Dans les pochades, si familières à l'artiste japonais, il n'est pas rare que des poissons jouent un rôle; on en peut voir un exemple sur un bassin de Kioto qui fait partie de la planche XXXVI. Le sujet n'est pas précisément grotesque; il ressort plutôt du domaine de la légende et représente un combat sur mer, dans lequel sont engagés tous les citoyens de l'onde. Sous le crayon d'un artiste ordinaire, une semblable scène eût tombé dans le ridicule; mais le peintre de ce bassin est parvenu à en faire un ensemble décoratif plein de physionomie et de caractère : chaque poisson semble enflammé d'une ardeur martiale, tandis que le puissant dragon fouette les vagues de sa queue écailleuse et que la pieuvre, cette incarnation vivante des horreurs de l'abîme, brandit au milieu de la mêlée ses tentacules redoutables.

Une carpe (*koï*) qui remonte le courant d'une chute d'eau est un motif qu'on retrouve dans toutes les branches de l'art. On la représente aussi dans des attitudes différentes, et l'on peut dire, d'après la multiplicité des reproductions, que c'est le poisson préféré des indigènes.

La pieuvre (*tako*), de son côté, sert fréquemment de modèle, surtout dans les ivoires ou les sculptures de fantaisie (*netsoukis*), et même le goût est quelquefois blessé de l'extrême liberté des artistes, qui va jusqu'à l'indécence; mais c'est là une face de l'art oriental fort discutée et sur laquelle nous n'avons pas à insister.

L'ornementation fait grand usage des coquillages, notamment pour les ouvrages en laque, où, rehaussés d'or et de couleurs voyantes, ils produisent le plus agréable effet. On marie parfois ensemble les coraux et les algues aux coquillages, parfois on les donne isolément, mais toujours avec un rare bonheur.

Les reptiles et les insectes, aussi fidèlement rendus, concourent à la variété du décor. Quelques rouleaux en soie brochée, appartenant au major Walter (de Liverpool), portent des images de couleuvres, de lézards, de grenouilles, de crabes et de tous les insectes communs au Japon. Traitées à la gouache, ces images, légèrement coloriées, unissent la finesse et le charme des détails au tendre éclat des couleurs naturelles, qualités qui dénotent de la part de l'exécutant une observation patiente et une étude sérieuse. Il est venu en Europe des laques précieuses, sous forme de grands plats à sauce, sur lesquelles on admire de magnifiques serpents lovés, incrustés de métaux, aux yeux de cristal et aux dents d'ivoire. On emploie aussi les serpents dans la composition des *netsoukis*, et d'habitude ils y figurent à côté d'un crâne, d'un fruit desséché ou de tout autre emblème de mort.

Quant aux insectes, la représentation en est aussi familière que celle des oiseaux et des poissons; on les travaille en matériaux de couleur sur des boîtes en ivoire, des porte-éventails, des boutons, etc.; ils sont reproduits au vif sur les *netsoukis*, sculptés et incrustés en bronze, et peints sur les éventails, les écrans, ainsi que sur tous les articles de porcelaine, de faïence et de laque.

Il y a dans l'interprétation des produits naturels une telle richesse d'imagination, qu'on n'en finirait pas de les décrire, et, en toute conscience, enfermés dans d'étroites limites, nous ne pouvons autre chose que de la signaler. Rien peut-être n'étonne à un plus haut degré que la variété infinie, les prodigieuses ressources de l'art japonais; cela s'explique par le fait que chaque œuvre émane directement du génie individuel. La fabrication, dans le sens où nous entendons ce mot en Occident, a été à peu près inconnue aux beaux jours de cet empire; l'artiste ou l'artisan travaillait seul, n'écoutant que son inspiration, selon ses idées et à sa manière. Il n'en est plus ainsi à présent; on a renoncé aux traditions nationales, l'imitation de la civilisation européenne a déterminé des changements considérables, et, hélas! en traitant de l'art au Japon, l'écrivain n'a, pour ainsi dire, qu'à rechercher les œuvres d'autrefois et à se détourner de celles d'aujourd'hui.

Après avoir donné un rapide coup d'œil à la série des études japonaises d'après nature, arrivons aux êtres fabuleux ou chimériques. Il est à regretter qu'une matière si intéressante soit enveloppée de tant d'obscurité et hérissée de tant d'obstacles, par suite de l'ignorance où nous sommes de la littérature nationale. Ce qui s'offre à la vue, on s'en rend aisément compte; mais ce qui nous échappe à peu près entièrement, c'est l'allégorie, le sens poétique ou religieux, le symbole dissimulé sous l'apparence de ces créations chimériques qui couvrent les œuvres indigènes de toutes espèces. Les questions réitérées que nous avons adressées à ce sujet aux Japonais instruits qui ont visité l'Angleterre et le continent ne nous ont pas appris grand'chose. Aussi nous estimons-nous heureux d'avoir à traiter ici le côté plastique de cette branche de l'art plutôt que la signification mystique ou légendaire.

Au premier rang des créatures fabuleuses se place le dragon (*ri-yo*), dont l'image a été sans doute empruntée jadis à la Chine. Quant aux traits généraux, les dragons de la Chine et du Japon se ressemblent, à cette différence près que le premier a cinq griffes et le second trois seulement.

Le dragon est, sans exception, traité par nos artistes avec autant de vigueur que d'entrain et dans toutes sortes d'attitudes. Il a le corps allongé, tortueux, couvert d'écailles; le dos hérissé de rangées de dards aigus; les jambes, au nombre de quatre, également écailleuses et armées de dards en dehors; les pattes, articulées en trois sections et pourvues de griffes recourbées, sont souples et musculeuses. La partie la plus caractéristique et la plus effrayante de ce monstre enfanté par l'imagination orientale est sa tête : au dessin primitif, qui rappelle l'expression la plus sauvage d'un reptile en courroux, on a ajouté des traits qui en font une merveille d'horreur. Le contour des mâchoires, de la gueule béante et des sourcils offre une rangée de pointes formidables; en arrière du crâne se projettent de doubles cornes, tandis qu'une seconde paire se dresse sur les naseaux comme des antennes gigantesques; la gueule est armée de crocs aigus et de défenses fantastiques; sur le front et aux jointures des membres jaillissent des flammes qui recèlent autant de foyers d'incendie.

Une telle description donnerait lieu de croire que le dragon doit personnifier le diable ou, tout au moins, le principe du mal; il n'en est pourtant pas ainsi au point de vue japonais. Et ici commence l'embarras, car, en nous assurant du contraire, on ne nous fournit aucun moyen de connaître au juste ce que les indigènes pensent du monstre. Tout ce que nous en savons, c'est l'influence décisive qu'on attribue au dragon sur les grands événements de l'histoire et sur la destinée des empereurs et des héros. Voici comment s'exprime Kæmpfer à ce sujet : « Les chroniques de l'histoire et des héros sont farcies de récits fabuleux sur cet « animal. Il se tient, à ce qu'on croit, au fond de la mer, qui est son élément naturel. Dans les « livres, on le représente sous l'apparence d'un long et énorme serpent à quatre pieds, entiè- « rement cuirassé d'écailles comme un crocodile, avec des aiguillons effilés le long du dos ; mais « la tête est, par-dessus tout, monstrueuse et terrible. Certains vêtements de l'empereur, ses « armes, ses cimeterres, ses poignards, etc., de même que les meubles et les tapisseries de son « palais, sont décorés de figures de ce dragon, tenant un joyau en boule ou une grosse perle « dans la patte droite. » Il est vraiment dommage que ce voyageur ait négligé de citer quel- ques-unes des légendes dont il parle ; pour suppléer à cette lacune, nous lui en emprunterons une qui est relative au lac d'Oïtz : « Un *dsia* (dragon), dit-il, animal révéré au plus haut « degré chez les nations païennes de l'Asie, et particulièrement par les Chinois et les Japo- « nais, qui le montrent dans leurs dessins avec des mains, des jambes et deux cornes, vivait « sur les bords du lac d'Oïtz. Dans le même temps, il y avait un immense scolopendre ou « mille-pieds, aussi grand que deux hommes ensemble et gros à proportion, au sommet d'une « montagne ou plutôt sur la croupe d'une colline située près de la route, à deux milles de « l'antre du dragon ; et cette colline a même gardé dans son nom (*Makkado Jamma,* mont « aux mille pieds) le souvenir de la monstrueuse bête. Ce scolopendre, qui dévastait le pays « d'alentour, descendit une nuit de ses hauteurs jusqu'à la demeure du dragon et y détruisit « ou dévora les œufs de sa couvée. Ce méfait amena un combat acharné entre les deux « animaux, combat dans lequel le dragon remporta une victoire complète et tua son « adversaire. En mémoire de cet événement, on érigea dans cette partie de la localité, appelée « *Tawarrat-tadou,* un temple qui subsiste encore et qu'on nous a montré à l'appui de cette « légende. »

Quoique l'eau paraisse être l'élément naturel du dragon japonais, il n'y reste pas absolu- ment confiné, puisqu'on le représente, de même qu'en Chine, tantôt dans les nuages, tantôt parmi les flammes. A notre avis, si l'on possédait à fond le mythe ou la légende du monstre, on s'apercevrait que la superstition populaire s'est attachée à deux espèces de dragons, habi- tant l'une les profondeurs de l'Océan, l'autre les régions de l'air. Avouons cependant que nous n'avons rencontré dans l'art japonais rien qui ressemble à un dragon ailé, et qu'en Chine, où le dragon est clairement figuré comme un habitant de l'air, le manque d'ailes a été aussi remarqué.

On trouvera dans l'illustration de cet ouvrage deux modèles de dragons : le premier (pl. I, fig. 1), d'après un rouleau, le présente au milieu des nuages ; le second (pl. XL), en relief sur un vase de Kioto, le montre sortant de la mer. Tous deux se ressemblent dans leurs traits essentiels, et ils ont les mêmes aigrettes de flammes.

Le dragon, familier au pinceau des artistes anciens, décore plus fréquemment leurs œuvres que celles des modernes. Sur les émaux cloisonnés, il figure souvent ; ainsi, la collection Bowes, qui en possède deux cent quarante, n'en compte pas moins de quarante ornés de dragons. En étudiant ces intéressantes pièces, on voit que la façon de rendre l'animal n'est pas uniforme : parfois, il a quatre griffes au lieu de trois, nombre habituel du type impérial ; dans quelques cas, il est aux prises avec un aigle, et deux fois il lutte contre son semblable.

Le dragon fait partie de la mythologie japonaise, et il est mêlé à certaines légendes religieuses. Sur un rouleau mythologique de la collection Bowes, qui contient des dessins d'un haut intérêt et dont nous parlerons plus loin, il y a deux figures de saints : l'une est celle d'un vieillard élevant une sorte d'encensoir et montant un dragon qui marche sur la mer ; l'autre est celle d'un saint, un éventail à la main et se redressant à l'aide d'un bâton qui, plongé dans l'eau, paraît avoir pris par miracle la tête d'un dragon.

Au second rang des bêtes chimériques vient le *kirin*. Les artistes donnent à ce monstre la tête et les flancs d'un dragon, le corps et les jambes d'un daim, et une queue à peu près semblable à celle du lion conventionnel des Chinois ; ils accompagnent aussi ses jointures d'aigrettes de flammes. Le *kirin* passe pour être d'un heureux présage, et on lui prête une telle douceur d'instincts, que, malgré la vitesse de sa course, il s'écarterait, dit-on, du droit chemin plutôt que de blesser un insecte ou de détruire une feuille. Selon la croyance populaire, la création de cet être surnaturel est due à la conjonction d'une étoile déterminée avec la naissance d'un *séidjine* [1] sur la terre. On rencontre souvent le *kirin* sur toute espèce d'objets d'art, tantôt seul, tantôt en société de l'oiseau fabuleux nommé *ho-ho;* mais nous n'en connaissons qu'un seul exemple avec la constellation qui lui est propre, exemple tiré d'un plat carré de porcelaine en camaïeu bleu (pl. I, fig. 2) : le *kirin* plane sur la terre, indiquée par un arbre et un rocher, et c'est pour mieux exprimer la légèreté de sa course qu'il a été placé au milieu des nuages ; quant à l'étoile, rendue à la manière des astronomes du pays, elle brille au-dessus de sa tête.

La signification précise de ce mythe dans les temps anciens reste assez obscure. Le *kirin*, paraît-il, était unique en son espèce, dans ce sens qu'il n'en existait jamais deux à la même époque, et il venait au monde comme nous l'avons rapporté plus haut. Une fois seulement, nous avons vu deux *kirins* peints côte à côte sur un vieux plat de fer, damasquiné d'argent, qui a enrichi récemment la collection Bowes. Cette trouvaille précieuse, épave d'une civilisation barbare, porte les marques d'une antiquité de plusieurs siècles ; elle avait sans doute été fabriquée en commémoration d'un événement extraordinaire dans les annales de l'empire.

Dans son ouvrage, Kæmpfer a donné un dessin du *kirin* japonais, ainsi qu'un autre dessin de ce qu'il prétend être le *kirin* des Chinois. Ce dernier représente l'animal connu sous le nom de *kaï-lin*, et nous doutons beaucoup qu'il ait l'intention de rappeler l'image d'un être allié d'aucune façon au pacifique et léger *kirin*. Il en est un, fréquemment reproduit, et dont la forme accuse des points de ressemblance ; mais, d'après le témoignage des Japonais, il ne serait autre que le lion. L'expression en est toute de fantaisie et imitée, selon nous, du *kaï-lin*

---

[1] On appelle *séidjine* tout homme ayant reçu de la nature les dons d'un esprit supérieur et d'une prescience surhumaine, tout homme capable de sonder le système des choses divines et surnaturelles, et en même temps si plein d'amour pour ses semblables, qu'il aille, dans leur intérêt, jusqu'à leur révéler ses découvertes. On en cite de fameux, entre autres les deux empereurs chinois Djio et Si-houn, que la sagesse de leur gouvernement et une profonde connaissance des vertus des plantes rendront éternellement chers au peuple ; Kou-si et Mou-si, philosophes chinois ; Siaka, sage de l'Inde, grand découvreur de secrets merveilleux ; Darma, en Chine, et Soto-ktaïs, au Japon, l'un et l'autre fondateurs de sectes religieuses et personnages d'une vie pure et sans tache. (Kæmpfer, *Histoire du Japon*.)

chinois. Le lion n'a jamais été connu aux îles du Japon, et les artistes d'autrefois n'auraient pu, dans leur isolement absolu, se faire une idée satisfaisante du roi des animaux, ni même en concevoir l'idée, sinon en le voyant figuré sur les rares objets d'art qu'ils recevaient de la Chine ou de la Corée. Quoiqu'il ait subi de singulières modifications de détail et qu'on lui ait attribué des pouvoirs surnaturels, le *kaï-lin* chinois a probablement eu le lion pour prototype : proportions de la tête, ample crinière, pattes aux griffes crochues, queue touffue à l'extrémité, autant de signes indiquant clairement le lion comme la source originelle de l'idée qui a suggéré aux artistes de l'extrême Orient cette conception fabuleuse. Au Japon, le *kaï-lin* ne semble pas avoir pris racine, tandis que le lion, sous sa forme conventionnelle, est devenu très-commun (*voyez* pl. I, fig. 3). En présence d'un de ces dessins, un Japonais, qui causait avec nous, lui appliqua sans hésiter le nom de *chi-chi* (lion) et répondit à nos questions que le dessin représentait un lion véritable, et non un animal de fantaisie.

Le *chi-chi* se rencontre fréquemment dans les sujets bouddhiques, quelquefois en compagnie de l'éléphant (*tso*), et ceci avec une intention marquée, le lion et l'éléphant étant l'un et l'autre originaires de l'Inde, berceau de la religion de Bouddha. Nous aurons à revenir là-dessus dans la partie relative aux scènes mythologiques.

Kæmpfer cite encore deux de ces bêtes chimériques, en leur donnant les noms de *sou-ougou* et de *kaï-tsou;* mais ses descriptions ne nous renseignent d'aucune sorte touchant leurs attributs ou leur signification. Le *sou-ougou* se rapproche quelque peu du tigre à l'apparence, bien qu'il n'ait pas l'air très-féroce, et il porte ces houppes de flammes qui semblent être l'apanage des créatures fabuleuses; la mémoire ne nous en rappelle aucun exemple. C'est le contraire du *kaï-tsou,* qui est familier aux artistes; on en voit de belles images sur les portes de deux cabinets en laque, appartenant au duc d'Édimbourg. Le spécimen que nous avons reproduit (pl. I, fig. 4) offre le type le plus répandu au Japon.

De tous ces animaux imaginaires, la tortue à queue (*kami*) est, sans contredit, le favori par excellence et celui que l'art répète partout sans se lasser. Au rebours des autres, que le caprice seul est en droit de réclamer, ce dernier est parfaitement naturel et ne diffère de la tortue ordinaire que par l'addition d'un appendice caudal, long et velu. Comme on ne le gratifie pas de dons extraordinaires, il serait peut-être plus juste de le ranger, pour cette raison, parmi les animaux emblématiques. La crédulité populaire veut que la tortue, placée dans des conditions favorables, vive plusieurs siècles; aussi est-elle reçue comme un emblème de longévité et figure-t-elle à ce titre sur les ouvrages d'art. Mais comment expliquer l'addition bizarre d'une queue ? Est-ce un pur caprice, et pour y faire étalage, comme cela arrive, des plus vives couleurs, ou bien une manière d'accentuer le grand âge, cette excroissance ne poussant, suppose-t-on, qu'après une innombrable suite d'années ?

Cette tortue, selon Kæmpfer, serait appelée *mouki* et *minogami,* noms que nous n'avons relevés chez aucun autre auteur, car Titsingh, qui signale le second, l'a évidemment emprunté au voyageur allemand. Dans la description qu'il fait des cérémonies pratiquées à la cour du Siogoun le troisième soir du premier mois de l'année, voici ce que rapporte Titsingh : « Chaque « prince offre au Siogoun une tasse vernissée, sur laquelle il y a des grues, des tortues, des

« sapins et des bambous peints en or, et selon les règles déterminées[1]. » Ces divers ornements sont des emblèmes.

Il faut renoncer à énumérer les mille façons de rendre la tortue emblématique dans l'art japonais. En porcelaine et en faïence, on en façonne des plats, des théières, des flacons, et elle contribue heureusement au décor; on la sculpte en bois et en ivoire; on la fond en métal pour les brûle-parfums et autres ustensiles d'utilité; en laque, on en fait des boîtes ou elle sert à rehausser une foule d'objets.

Une dernière chimère appartient encore aux Japonais, et, au point de vue de l'art, c'est assurément la plus élégante et la plus belle de leurs créations. Elle a la forme d'un oiseau revêtu d'une riche livrée et paré d'une queue superbe aux longues plumes flottantes. Il est assez difficile de rendre exactement son nom tel que le prononcent les indigènes, faute de syllabes équivalentes dans notre langue. En l'écrivant *ho-ho*, comme nous l'avons fait, on donne à ce mot une apparence beaucoup trop rude; et si l'on préfère *ho-ouo*, comme l'a fait Hepburn avec plus de raison, l'on risque de ne point exprimer les sons liquides du japonais. Puisqu'un long usage a familiarisé nos oreilles avec *ho-ho*, nous continuerons, après ces quelques mots d'explication, d'appeler ainsi cet être chimérique[2].

Nous avons donné (pl. I, fig. 5) une représentation singulière du *ho-ho*, extraite d'un rouleau de dessins japonais (collection Beck). Sur l'original il est peint d'éclatantes couleurs, telles que jaune, écarlate, bleu et vert, clair ou foncé.

Le *ho-ho* plaît infiniment à nos artistes, qui ne manquent jamais de le rendre avec autant de grâce que d'élégance. Au point de vue du décor, c'est un motif qui offre un champ presque inépuisable au dessinateur, qui peut aisément adapter les ailes et la queue à toute espèce de formes, témoin le plat du milieu de la planche XVII.

Ainsi que toutes les autres chimères, le *ho-ho* se voit plus souvent sur les œuvres anciennes que sur les modernes, car il commence à paraître dans une époque où l'on croyait plus fermement à son existence qu'aujourd'hui. Les Japonais ont sans doute perdu, au contact des Européens et des Américains, bien des préjugés et des superstitions; toutefois, dans les provinces de l'intérieur, les histoires fabuleuses des dieux et des héros, qu'enseignent les prêtres, font partie des croyances populaires. Par exemple, en ce qui touche le *ho-ho*, le peuple est convaincu qu'il habite les plus hautes régions de l'air, bien loin hors de la vue ou de l'intuition des hommes, et qu'il ne descend sur terre que pour présider à la naissance d'un grand guerrier, d'un illustre philosophe ou législateur, bref de quelque personnage appelé à exercer une influence heureuse et considérable sur le sort de ses semblables.

Dans l'art, cet oiseau est rendu de plusieurs manières, ce qui nous fait penser qu'il n'existe pas pour le représenter de règles formelles. La tête, le corps, les ailes ne varient pas sensiblement, mais la queue est rarement traitée deux fois de même; le plumage en est tantôt naturel,

[1] *Le Japon illustré* (Illustrations of Japan), recueil d'observations et d'anecdotes privées sur la dynastie régnante des Siogouns ou souverains du Japon, avec une description des fêtes et cérémonies qui ont lieu durant l'année à la cour, et de celles en usage dans les mariages et les funérailles, etc., par M. Titsingh, ancien agent de la Compagnie hollandaise des Indes orientales à Nagasaki. Londres, 1822, in-4°.

[2] Kæmpfer le nomme *foo*, mais il le décrit de la même manière qu'Hepburn.

tantôt de fantaisie, comme sur la planche I; dans certains cas, elle n'a nul vestige de plumes et se convertit en une masse floconneuse d'enroulements capricieux. Si l'on met ensemble deux de ces oiseaux, on les distinguera habituellement l'un de l'autre par une queue différente.

La partie de cet essai que nous allons aborder, très-intéressante pour les amateurs, et qui pourrait s'intituler *du Dessin d'expression,* est de celles qu'il est fort difficile d'apprécier convenablement. Elle embrasse les diverses méthodes de représenter, d'une façon expressive et artistique, la nature au repos et la nature en mouvement, ainsi que les manières de rendre, à l'aide d'une simple esquisse, les idées ou les fantaisies qui s'offrent au génie de l'artiste.

Avant d'entrer en matière, avertissons le lecteur de ne point perdre de vue que toutes les variétés de l'art japonais ont le décor pour objet et que les vrais principes du décor diffèrent essentiellement de ceux qui servent de base à la peinture. Les Japonais sont, dans toute la force de l'expression, des observateurs et des amants passionnés de la nature; pourtant on ne signale point d'exemple qu'ils aient tenté de faire un paysage selon les règles adoptées en Europe; et qu'on prenne au hasard parmi les objets les plus vulgaires de leur pays, on en trouvera bien peu qui ne trahissent par quelque échappée ce profond amour de la nature ou qui ne portent l'empreinte d'un talent original. Ils n'ont chez eux ni grands paysagistes ni professeurs d'esthétique; mais leurs artistes n'en sont pas moins d'un génie naturel, leurs ouvrages pas moins marqués au coin du beau et de l'harmonie. En Europe, les trésors de l'art décorent les murs des plus riches demeures, et, par un affligeant contraste, les mille articles à bas prix qui sortent des fabriques sont plus ou moins laids ou disgracieux. Au riche seul appartiennent l'art, le bon goût, le beau; le pauvre n'en a que faire et doit ignorer qu'il existe au monde rien de semblable. Au Japon, le plus humble paysan boit le saki et mange son riz dans une tasse et un bol agréablement décorés, en laque ou en porcelaine, et son éventail est orné de peintures artistiques.

Ce que nous entendons par les termes d'*art décoratif,* nous allons l'expliquer en peu de mots. Cet art-là n'a aucun rapport avec un tableau à l'huile ou un dessin verni et encadré, œuvres belles en soi et qui ont leur valeur propre; c'est l'art d'embellir et de rehausser des objets utiles et d'un usage quotidien. La différence, la voici : un dessin verni et encadré peut se suspendre où l'on veut, ou, s'il n'est que monté, s'enfermer dans un carton; c'est en lui-même une haute manifestation de l'art et quelquefois une preuve des plus brillantes facultés de l'intelligence humaine; tandis que, d'autre part, un dessin d'éventail, approprié comme il faut et riche néanmoins de ton, d'intérêt et d'expression, est une manifestation de l'art décoratif.

Il n'y a aucune raison de traiter l'art décoratif en inférieur. N'a-t-il point, en réalité, une noble mission à accomplir? Quelle autre branche des beaux-arts est plus largement répandue? quelle autre appelée à exercer sur les différentes classes de la société une action plus salutaire et plus utile? C'est la seule qui s'associe à toutes nos heures de travail, la seule qui frappe nos yeux à chaque pas.

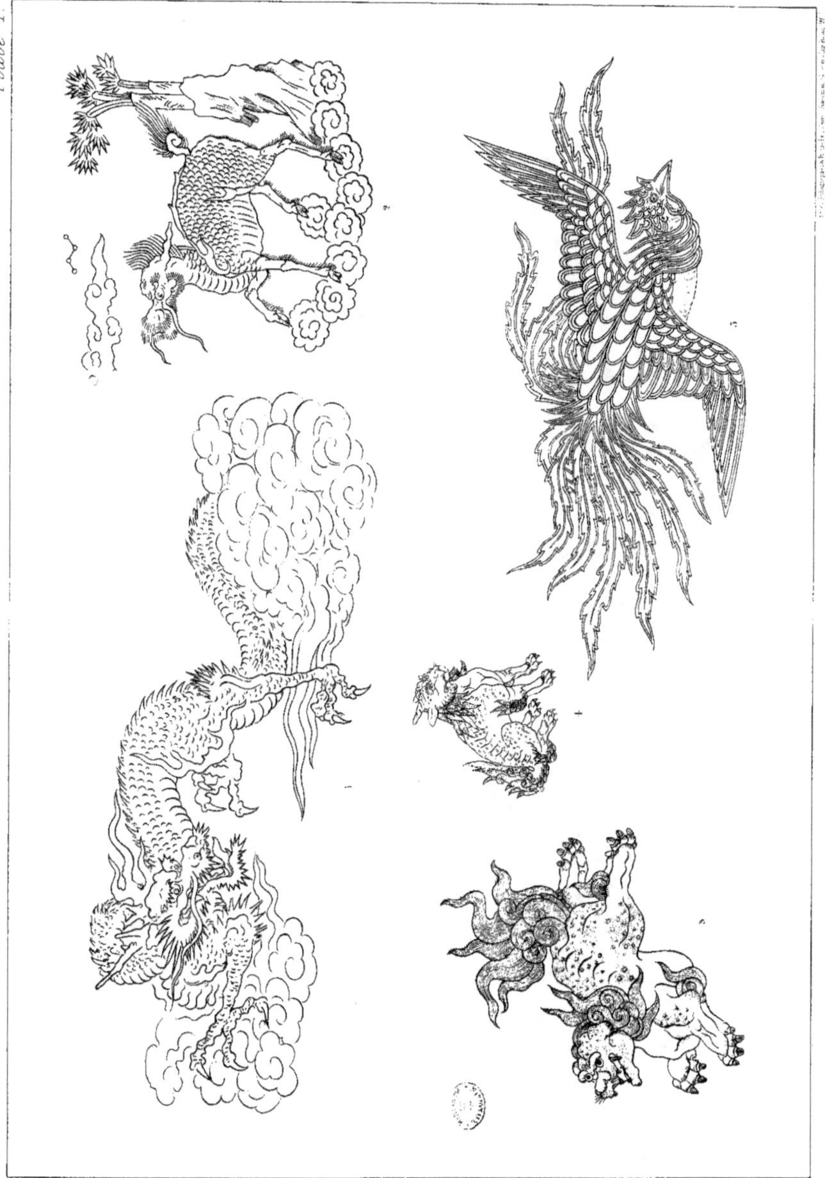

L'art décoratif, au sens le plus élevé du mot, a inspiré au critique Ruskin les réflexions suivantes : « L'unique chose qui distingue des autres l'art décoratif est de convenir à une « place déterminée ; et de concourir en cette place, qu'il les accompagne ou qu'il les com- « mande, à l'effet général des autres morceaux d'art. Ainsi le chef-d'œuvre le plus sublime du « monde s'approprie à une place, se conforme à un dessein. Il n'existe pas d'art d'un ordre « plus relevé que l'art du décor. La plus excellente sculpture qui ait jamais été produite est « le décor du fronton d'un temple ; la plus excellente peinture, le décor d'une salle. Ce que « Raphaël a fait de mieux est tout simplement le décor en fresques d'un appartement du « Vatican, et il a dessiné ses fameux cartons pour servir de modèles à des tapisseries. Ce que « le Corrège a fait de mieux est le décor de deux coupoles d'église à Parme ; Michel-Ange, « celui du plafond de la chapelle Sixtine ; le Tintoret, celui d'un plafond et d'une paroi dans « une institution charitable ; et, de leur côté, le Titien et le Véronèse jetaient leurs plus « nobles inspirations sur les murs en briques et en plâtre de Venise, pas même en dedans, « mais en dehors. »

Notre intention n'est nullement, en citant les paroles enthousiastes de M. John Ruskin, d'en appliquer le sens à l'art japonais et de réclamer en sa faveur le haut rang si justement décerné aux œuvres d'illustres maîtres ; non, l'art japonais n'a aucun droit à l'épithète de monumental. Ce que nous voulons pour lui, c'est d'être apprécié comme étant le fruit d'un développement unique en soi et qui, partout où il s'est exercé, laisse une satisfaction sans mélange. Il a été condamné de plusieurs côtés par des gens qui ne l'ont jamais étudié à un point de vue exact, et qui n'ont même pas daigné se demander s'il était juste de le comparer avec les compositions profondément conçues du génie occidental. « La peinture des Japonais manque à la fois d'air et de perspective, » voilà un blâme qu'on entend formuler souvent. Mais, dirons-nous à notre tour, y a-t-il en Occident beaucoup d'artistes qui aient jamais aimé la nature avec un sentiment plus vif, ou observé ses admirables ouvrages avec plus d'attention que les humbles décorateurs du Japon ? Ils savent et usent de la perspective autant qu'il leur en faut, et tout autant certes qu'on en voit d'ordinaire dans les meilleurs travaux d'autres pays ; dans la nature morte et vivante, ils apprécient et suivent avec plus de fidélité les règles de l'observation que les artistes de l'Europe, et comme coloristes ils n'ont point de rivaux.

S'il est une qualité qui, plus qu'une autre, se réclame de notre admiration, c'est la puis- sance d'expression, combinée avec la simplicité de moyens, que le Japonais déploie presque invariablement. On rencontrera dans les pages qui suivent plusieurs exemples de croquis pittoresques, car tenter de les juger uniquement par description serait chose vaine, à cause de l'extrême et parfois insurmontable difficulté de reproduire en entier les compositions originales.

Le terme de *dessin d'expression* ou de *croquis pittoresque* ne doit pas s'appliquer seulement au dessin ; il s'entend de la représentation de toute sorte d'objets ou d'idées, en quelque matière que ce soit, et, par conséquent, s'applique moins à la matière qu'à la façon caracté- ristique d'assortir un objet ou une idée à cette matière même.

On ne fait point difficulté d'admettre que la partie faible de l'art japonais soit la figure

i

humaine. Il y a dans sa manière de la rendre une sorte de convenu bizarre, qu'on ne s'explique guère et qui revient presque sans cesse ; ce convenu-là ne ressemble pas à celui des premières miniatures du moyen âge, à celui des vitraux peints des douzième et treizième siècles en Europe ; il ne prouve ni le mépris ni l'ignorance de l'anatomie ; il serait plutôt la conséquence d'une fantaisie traditionnelle ou d'un tour d'esprit populaire. Sans doute l'armure tout d'une pièce et superbe à la fois des anciens temps, la raideur particulière du costume national doivent y contribuer pour beaucoup. Que les Japonais ne soient pas incapables de traiter la figure humaine selon notre sens esthétique, cela est clairement démontré par les ivoires si expressifs, qui sont venus de leurs pays ; et qu'ils y apprennent l'anatomie, c'est encore aussi manifeste. A l'Exposition de 1874, à Londres, on a pu remarquer un squelette en ivoire, haut de vingt-deux centimètres environ, ayant les os parfaitement distincts et taillés avec une précision et une exactitude rigoureuse. Ce merveilleux petit travail devait être le résultat d'une étude sérieuse et d'investigations bien conduites ; on ne pourrait, du reste, en louer les mérites sans paraître tomber dans l'exagération. D'autre part, il ne s'ensuit point que l'auteur du squelette fût également versé dans la connaissance des ramifications musculaires, laquelle exige la pratique de la dissection. A notre avis, le corps humain n'a pas été, chez les Japonais, l'objet de recherches purement scientifiques ; ils ont eu, de quelque façon, des notions sur sa charpente et ses organes : autrement, leur méthode curative par les moxas n'aurait pas pris les développements qu'elle paraît avoir.

Les Japonais sont passionnés pour certains jeux de force, le pugilat entre autres et, en dessinant des lutteurs, ils ne manquent jamais de tendre leurs muscles contre nature : défaut qui nuit singulièrement au caractère de leur esquisse, si frappante, d'ailleurs, d'expression et de réalité. L'exagération de l'appareil musculaire s'accuse surtout dans la reproduction des exercices athlétiques ; mais, quand ces luttes tournent à la charge, et qu'il est permis alors d'exploiter toute dislocation possible de la charpente humaine, le crayon tire de cette exubérance même des effets d'un grotesque achevé.

En examinant sans parti pris les meilleures figures de l'art japonais, on est bien vite frappé de leur intensité d'expression et à quel point l'action qu'elles traduisent est prise sur nature. Rarement on en voit de finies ou de minutieusement travaillées ; parfois quelques coups de pinceau suffisent à les parfaire. En ce genre d'esquisses, les Japonais ont un tour de main aussi vif que les Français.

Veut-on savoir jusqu'où va leur habileté dans la représentation des traits de l'homme, il faut étudier les boiseries, les ivoires, les bronzes, les masques de théâtre. Les sculptures servent à exprimer la gamme des passions et les nuances infinies qui les caractérisent ; les masques, toute exagération anormale, toute extravagante difformité dont les lignes du visage sont susceptibles et que suggère l'imagination la plus fantasque.

L'énergie d'expression, cette qualité maîtresse de l'art japonais, est sans contredit l'un des côtés par où il se recommande tout d'abord à notre attention. Qu'il y ait négligence des règles les plus élémentaires, culture outrée de la forme extérieure, on en peut relever plus d'une marque ; mais une impression en reste, c'est qu'il y a dans cet art quelque chose qui va droit à l'imagination et la remue fortement, qui suscite de vives émotions dans l'âme au lieu de récréer simplement la vue. Or, il n'en est pas de même, en général, pour l'art européen, qui se préoccupe bien plus de charmer nos yeux que notre âme. L'art japonais émane du cerveau et n'affecte point les allures savantes et étudiées des écoles modernes de l'Occident ; et voilà comme il parle droit à l'esprit, non tout d'une voix, mais par les mille accents, mâles ou faibles, de ceux qui s'inspirent librement de son génie.

En prenant au hasard une figure, un groupe, comme il y en a tant dans les albums populaires (*block books*) ou les rapides croquis des Japonais, on s'étonne, au premier coup d'œil, de la verve et de la simplicité de l'esquisse ; et l'on admire, au second, qu'on y puisse, en quelques traits, renfermer tant de choses. Là s'arrête le plaisir des yeux et l'esprit commence à réfléchir ; il entre en communion d'idées avec l'artiste et découvre qu'après tout un dessin n'est

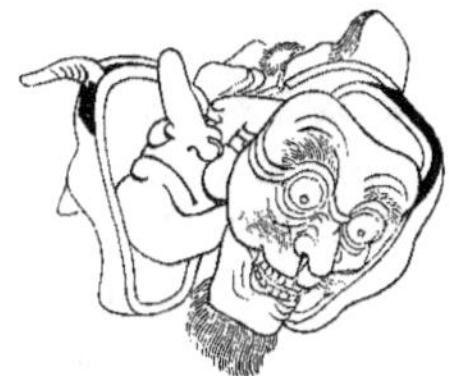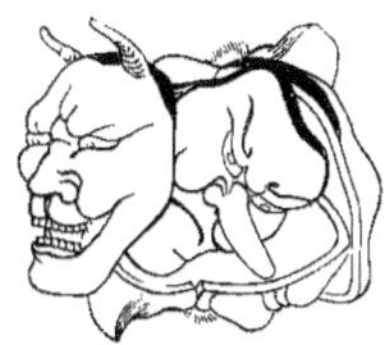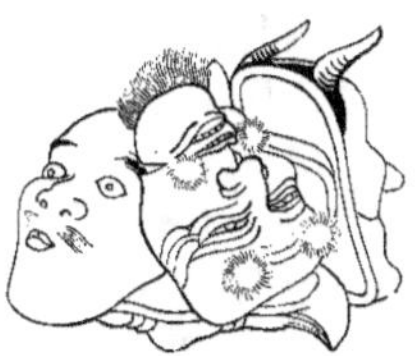

MASQUES DE THÉATRE, D'APRÈS UN ALBUM JAPONAIS.

que le symbole d'une vérité morale. Avons-nous souvent rencontré dans les ateliers d'Occident des esquisses qui produisent un pareil effet ?

Oui, nous avons quelque chose à apprendre des Japonais ; et il serait légitime de reconnaître que tout ce qui est parfait ne relève pas absolument de notre civilisation si vantée ou n'est point une conséquence forcée de notre état de supériorité intellectuelle. Nous mettons en doute qu'il y ait chez nous un peintre ou un poëte qui aime la nature avec plus de foi et de passion que ne le fait l'ignorant artiste du Japon.

L'anatomie, avons-nous dit, doit être étudiée au Japon d'une façon quelconque, mais, à coup sûr, pas à un point de vue scientifique. Autrefois on y avait horreur des cadavres, au point d'en redouter le contact comme une souillure. D'après ce que nous avons pu apprendre, l'artiste n'étudie pas le nu suivant une méthode systématique ; confiant dans sa vivacité d'intuition naturelle, il attache plus d'importance à exprimer une action, une passion, un sentiment isolé qu'à dessiner correctement une *académie*. Les occasions d'étudier le nu ne lui manquent pas, car c'est la coutume chez les pauvres gens d'aller à peine vêtus durant la belle saison, coutume dont les dessins indigènes offrent tant d'exemples ; et cependant le goût du nu n'a jamais prévalu dans l'art. Des hommes qui luttent, qui se jouent des tours l'un à l'autre, qui font des parties de plaisir ou d'adresse, sont représentés nus ou à peu près, non par amour du nu, mais simplement parce que l'artiste a vu tous les jours des hommes s'exercer en cet état sous ses yeux.

On peut voir quelques-unes des figures les plus satisfaisantes dans les peintures décoratives suspendues derrière les autels bouddhiques. Ces peintures sont des modèles remarquables d'exécution qui, sous le rapport du talent et de la délicatesse, ressemblent aux plus belles miniatures des manuscrits du moyen âge. Comme on devait s'y attendre, elles sont conçues dans un style purement religieux, ainsi que les *icones* de l'Église grecque, très-finies de détails, uniformes de ton et minutieusement dorées. Le caractère de la composition est partout maintenu avec soin, en évitant les nuances trop accusées et les ombres portées. Généralement parlant, les Japonais n'introduisent pas beaucoup de nuances et préfèrent la simplicité des esquisses, qui s'accorde si bien avec leur genre de décors.

Aucune de nos remarques précédentes ne s'applique aux figures raides et toutes de convention qu'on rencontre sur certains produits de la céramique, tels que ceux du moderne Fizen et de Kaga. Ce sont là évidemment des types particuliers à ces provinces : la tradition les a transmis et le peintre les copie en quelque sorte d'instinct. D'ordinaire, les porcelaines du Fizen et de Nagasaki représentent des scènes guerrières, avec des figures de capitaines et de héros fameux, revêtus de leur gênante armure d'acier, de laque et de soie, d'aspect magnifique, mais trop raide et trop anguleuse pour être d'un effet agréable ; ou bien des scènes de théâtre, avec des personnages dont les costumes rappellent des papillons ou des oiseaux ; ou encore des scènes de cour, avec des seigneurs et des dames en grand habit de brocart, aux plis lourds et droits. Sur les articles de Kaga, l'on voit presque toujours des groupes de vieilles gens, ou des scènes de cour et de théâtre ; mais, bien que convenus, ces sujets sont exempts du maniérisme du Fizen.

Au Japon, des lois somptuaires ont réglé les détails du costume depuis les temps les plus reculés jusqu'à nos jours, où les relations avec l'Occident ont ruiné les vieux usages. Chaque classe de la société avait ses vêtements de rigueur et sa manière de les porter, et ils étaient tous coupés de façon à les rendre aussi disgracieux à l'œil que possible. Quoi d'étonnant, en pareil cas, que les artistes aient négligé les draperies et qu'ils se soient plutôt appliqués à les orner qu'à les disposer en plis onduleux et en lignes harmonieuses ?

En sculpture, les Japonais ont atteint le plus haut degré de perfection dans la représentation de Bouddha, de celui surtout qui se trouve au temple de Kama-Koura. On a beaucoup disserté sur ce merveilleux ouvrage ; mais les *réflexions* qu'il a suggérées à un critique distingué, M. James Jarves, nous semblent se prêter le mieux à notre cadre ; aussi les rapporterons-nous *in extenso*. « La plus haute interprétation, dit-il, que l'art de l'Orient ait jamais « faite de la figure humaine, on en peut voir un très-heureux exemple dans la statue de « Daïboudhs, à Kama-Koura, laquelle est vieille de plus de six siècles ; c'est un Bouddha en « bronze, haut de dix-huit mètres, assis, les jambes croisées, sur la fleur légendaire du lotus, « colosse dont la grandeur sévère, nous dirons même la majesté, s'allie à une extrême simplicité d'aspect et de traitement. Le réformateur hindou est plongé dans le *nirvana*, ce « mépris extatique des choses d'ici-bas, qu'il légua à ses disciples comme la récompense « suprême des épreuves subies durant leurs innombrables incarnations terrestres, et pour « avoir extirpé de leur cœur jusqu'au dernier lien qui les rattachait au monde, à ses joies

« fugitives et à ses décevantes illusions. Absorbée dans l'âme universelle dont elle forme une
« partie intégrante, quoique, suivant d'autres, elle conserve une individualité distincte,
« l'âme humaine, dans l'un ou l'autre cas, ne subit plus de métamorphoses ou de modifica-
« tions à son immortel ravissement. L'art chrétien n'offre aucun sujet à la fois abstrait et
« destructif de toutes les manifestations ordinaires de la conscience ; partout, au contraire, il
« montre l'individualité absolue, agissante ou passive, mais manifeste à quelque degré. Mais,
« en Daïboudhs, que fallait-il représenter ? Un masque humain, miroir d'une âme sensible
« plongée dans son insensible félicité, ayant acquis connaissance de toutes choses sans en
« rien divulguer, défiant toute recherche et promettant comme une panacée aux maux per-
« sonnels une espèce d'impersonnelle béatitude ou bien une annihilation absolue, selon le sens
« que le croyant donne à cette énigme raffinée. L'artiste inconnu a remporté un véritable
« triomphe dans l'expression d'une idée si mystique. Retenant de son modèle humain les
« caractères généraux, qu'il a rendus dans un style large et majestueux, il a élevé cette statue
« colossale, qui, sous l'apparence de la créature, inspire moins de terreur par la sévérité de
« ses lignes et de sa taille imposante qu'à cause de son calme impénétrable et de son incom-
« mensurable éloignement des intérêts et des tribulations de la terre. Qu'on l'accepte pour
« une gigantesque idole ou pour un symbole éloquent, ce Bouddha laisse au spectateur une
« impression profonde. De longs flots de draperies inondent son corps comme les vagues
« couvrent un rivage ; une coiffure de coquilles lui compose un diadème singulier, tandis
« que ses vastes contours, son énorme masse, son calme ineffable et la bénédiction qui illu-
« mine chacun de ses traits contribuent à faire un ensemble harmonieux de cette image
« énigmatique. Un peuple capable de personnifier à ce point le plus illusoire des mystères
« métaphysiques doit avoir eu une très-haute idée de la puissance de l'art. »

Après avoir lu ces observations, l'amateur considérera avec un plus vif intérêt les nombreuses figures de Bouddha qui sont venues du Japon. Elles ressemblent toutes, plus ou moins,
au colosse de Kama-Koura et se font également remarquer par l'air d'auguste sérénité et de
tranquillité inébranlable, d'âme et de corps, qui le caractérise. A propos de ces images,
M. Jarves ajoute : « Différentes expressions ont été données aux Bouddhas, mais toutes reflè-
« tent ce repos suprême et cette volupté du *nirvana* comme la limite de tant d'incarnations
« pénibles, acceptées pour atteindre à la pureté parfaite par le sacrifice personnel des passions
« et des faiblesses mortelles. On comprend vite que le sculpteur oriental a été, de fait, obligé,
« pour rester fidèle à l'esprit de son thème, de renverser la méthode de ses confrères de la
« Grèce. Pendant que ceux-ci, ayant pour base le type humain, âme et corps, créaient des
« hommes sous l'apparence de divinités, celui-là, s'imposant la tâche plus ardue de plonger
« dans la quintessence de la métaphysique, rejetait les facultés et les aspirations purement
« humaines et trouvait une forme spirituelle, propre à suggérer l'idée d'une béatitude
« accomplie, exempte de tache ou de réminiscence corporelle. »

Les habitudes des quadrupèdes et leurs mouvements naturels, si familiers aux artistes japonais, fournissent plus d'un exemple de choix à notre théorie du croquis d'expression, et ces

k

habiles dessinateurs ne manquent pas l'occasion d'y déployer leur talent. Le trait le plus remarquable de leur dessin est, en général, la simplicité : quelques lignes leur suffisent à représenter un animal et à lui faire exprimer le plus violent effort ou le repos absolu. Parmi les grands quadrupèdes, le cheval est celui qu'ils préfèrent : ils l'esquissent toujours avec une vigueur singulière et, en plusieurs cas, ils montrent une certaine science dans les raccourcis. Nous avons déjà parlé des chevaux qui ornent les peintures votives et du tour de force qui consiste à les esquisser avec deux brosses tenues en sens inverse ; nous ajouterons ici que les meilleurs dessins d'animaux portent, en grande partie, des traces d'un travail rapide en même temps qu'une forme d'expression, qui n'a certainement pas d'égale chez aucune autre nation de l'Asie.

On peut douter que cette habitude primesautière et à main levée fasse faire à l'art de sérieux progrès, et qu'attrayante comme elle est, elle pousse l'esprit et la main dans une voie d'efforts plus soutenus et d'œuvres plus mûries ; mais on ne saurait lui refuser des allures indépendantes, une conception prompte et une connaissance intime de la nature. Il est étrange, en vérité, que la simplicité soit si fort recherchée des Japonais. A en juger d'après la délicatesse et le fini de tous leurs ouvrages, on s'attendrait, au contraire, à les voir peindre un animal sans omettre un détail et avec une exactitude microscopique. En examinant ces vivantes esquisses, on ne tarde pas à se convaincre que l'artiste s'est, avant tout, préoccupé de rappeler à l'esprit de l'observateur un trait de caractère particulier à l'animal qui lui sert de modèle plutôt que son apparence externe ; par exemple, il éveillera tour à tour dans le souvenir l'idée de docilité, de sauvagerie, d'affection, de férocité, de grâce, d'agilité, de souplesse ou d'enjouement, aussi aisément que le ferait la plume d'un poëte.

Les oiseaux l'emportent sur les quadrupèdes dans les préférences de l'artiste, qui naturellement aime à les reproduire plus souvent. La même vigueur d'esquisse est mise en jeu, avec plus de succès, dans la peinture des oiseaux, dont le plumage velouté s'accommode si bien des touches vives et légères du Japonais. Les plus beaux dessins et les plus réussis ont à peine reçu quelques coups de brosse et une ombre dégradée. Malheureusement la reproduction par la gravure sur bois ou par la lithographie n'en est pas satisfaisante ; aussi serons-nous forcés, à notre grand regret, de les passer sous silence. La planche K reproduit, en autotype, huit feuillets extraits d'albums japonais, appartenant à M. W.-C. Alexander : il y en a quatre d'oiseaux, d'un travail charmant et enlevés avec la prestesse habituelle aux plus adroits ébaucheurs d'esquisses.

Oiseau de prédilection des Japonais, la grue est rendue par les artistes avec un sentiment et un caractère qui défient presque l'imitation. Qu'elle soit en l'air ou sur terre, son attitude est toujours interprétée de la façon la plus naturelle et la plus vivante, et très-souvent avec de bons raccourcis. Mais à quoi servirait-il de passer chaque espèce en revue ? Il n'en est pas une qui ne soit un modèle de fidélité et d'expression. Sur la planche L, on trouvera des facsimilés de bois japonais, réduits, au moyen de la photolithographie, d'après les pages d'un manuel d'école ; ils offrent des preuves remarquables de l'effet que peut produire l'heureuse application de quelques touches sous la main d'un maître.

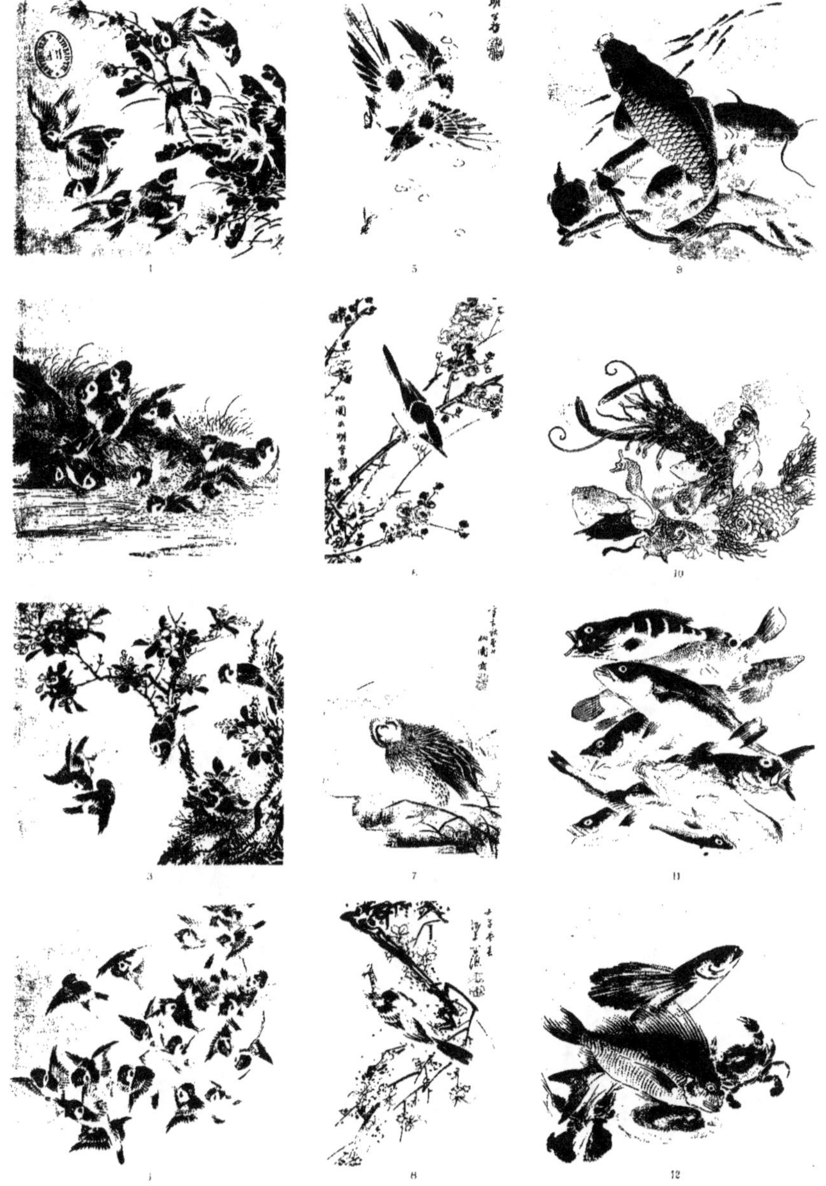

Parmi les planches en couleur de cet ouvrage, il y a plusieurs modèles d'oiseaux ; mais nous appelons l'attention du lecteur sur le plat de Kioto aux oies sauvages (pl. XXXIX), composition qui ferait honneur à un animalier d'Europe, ainsi que sur le plateau de Satsouma (pl. XVI).

Les Japonais sont très-habiles à représenter les poissons, et, bien que ce champ d'études soit plus restreint que celui qu'ouvrent à l'artiste les quadrupèdes et les oiseaux, il n'y fait pas moins de fréquentes excursions. En se reportant à la planche K, déjà citée, on y verra des modèles, empruntés à un album spécial, qui respirent un feu, une sûreté de main dignes d'éloges, modèles dont le coloris calme et doux indique à la fois le mérite supérieur et l'antiquité. Il n'en est plus de même aujourd'hui : les dessins modernes, pris dans leur ensemble, trahissent une sorte de faiblesse sous le rapport de l'originalité des idées et de la qualité des couleurs. L'importation au Japon des pigments crus, d'invention nouvelle, a porté probablement un coup sensible à la délicatesse du goût national ; il se peut aussi que les Japonais, recevant ces brillantes couleurs des Européens, s'imaginent leur plaire infiniment en les prodiguant à satiété sur les articles qu'ils leur destinent.

Quant aux insectes, il n'est pas nécessaire d'en parler longuement ; comme tout ce qu'il copie d'après nature, notre artiste les rend avec une entière vérité. Ces bestioles ne prêtent pas beaucoup à la variété des points de vue ni à l'expression graphique ; aussi figurent-elles, en général, comme accessoires, peints avec soin d'ailleurs, dans les compositions d'oiseaux et de fleurs. Nous avons vu sur un vase de Kioto, appartenant à M. John-Grant Morris, un bel exemple de leur interprétation : autour d'une large bordure marchent en file des insectes, portant des armes et autres objets ; il y a beaucoup d'animation et de verve dans ce petit tableau, qui doit faire allusion à quelque importante cérémonie. Quand les insectes sont reproduits seuls, à cause de leur beauté, ils sont exécutés avec la fidélité d'une étude entomologique.

A tout ce que nous avons déjà dit des végétaux il ne reste pas grand'chose à ajouter, sinon quelques observations sur les divers modes de les interpréter. Dans les compositions originales qui ornent les éventails, les *block books*, les écrans et les ouvrages en laque, on voit peu d'arbres entiers ; c'est, du reste, une des bizarreries de l'esprit japonais d'en peindre rarement de tels, à moins que ce ne soit sous leur forme rabougrie. Une branche artistement jetée en travers du paysage, un bouquet de bambous, s'élevant de terre et coupés à la ligne de faîte, saisissante image de leur lente et vigoureuse croissance ; d'élégants rameaux de wisteria, qui s'échappent d'un dôme de feuillage et flottent dans un ciel d'été ; des branches de *moumi*, isolées ou mariées à des branches de sapin ou de bambou, voilà les façons les plus habituelles d'introduire les arbres dans une composition pittoresque.

Beaucoup de livres imprimés, d'un usage courant dans le pays, contiennent des croquis d'arbres, tels qu'ils sont durant les différentes saisons de l'année, vus en plein jour ou à la clarté de la lune, fouettés par le vent ou par la pluie, et chargés de neige.

Ces croquis sont tous dessinés avec une indépendance, une vigueur d'expression, un réalisme qui les placent au niveau des œuvres les plus sérieuses ; ils sont de nature à surprendre quiconque les aperçoit pour la première fois, surtout si l'on est imbu du préjugé commun que le sens esthétique est peu développé parmi les Japonais. Voici, par exemple, un des nombreux livres que nous consultons pour écrire ces pages : on y compte environ quatre-vingts croquis distincts, du genre dont nous parlons; nous regrettons qu'il ait été impossible d'en tenter la reproduction dans cet ouvrage sans les priver de leur plus grand charme. De l'examen de ces croquis ressort une chose évidente : nos artistes esquissent en plein air, ils observent attentivement et gardent en mémoire les changements naturels que subit la végétation durant le cours des saisons, ainsi que les altérations apparentes et les effets que produit sur elle la lumière, aux différentes heures du jour et de la nuit.

Ils aiment notamment les effets de lune et s'entendent à merveille à reproduire les végétaux sous cette influence. Naturellement ils les peignent dans une ombre épaisse, tout à fait en noir, ce qui offre un frappant contraste avec l'arrière-plan inondé d'une lumière blanche; mais ils savent, au moyen de quelques touches seulement, en accuser les traits saillants avec tant d'adresse qu'il n'est pas difficile de les reconnaître.

On verra sur la planche M des dessins empruntés à six pages d'un album japonais, peint sur soie. Ce sont autant d'allégories des six saisons de l'année, ou plutôt des fêtes qui ont lieu chez toutes les classes pour en célébrer le retour. Chaque dessin est accompagné d'une fleur différente, gracieux emblème qui concourt à décorer chaque demeure en ces jours de gala. L'album est l'œuvre d'un artiste nommé Goékou-do-djen-yé, qui vivait il y a une soixantaine d'années; il appartient aujourd'hui à M. James-L. Bowes.

Page 1 : première saison, ou fête du Nouvel An, avec une fleur appelée *foucou-dji-so.* Quant à l'espèce de banderole, elle est d'ordinaire faite en paille de riz et suspendue aux murs durant les fêtes. Le homard est une des friandises du nouvel an, et le volant fait allusion au jeu populaire de la saison.

Page 2 : seconde saison (*hina*), ou fête des Jeunes Filles, avec une fleur de cerisier, emblème du mois de mars. Des poupées décorent chaque maison pendant les fêtes.

Page 3 : troisième saison, ou fête des Jeunes Gens; le *kaki-tsou-bata,* la fleur de mai, y représente le mois des fêtes. L'armure sert à exprimer le sentiment qui doit éveiller et entretenir dans les jeunes cœurs l'ambition de devenir un illustre et vaillant guerrier.

Page 4 : quatrième saison, ou fête de Tenabata; la fleur emblématique est le *hadji.* Dans la soirée de cette fête, la musique et la poésie sont les délassements à la mode; aussi le *koto,* l'instrument favori des Japonais, figure-t-il l'une, tandis que les bandes de papier orné figurent l'autre. C'est sur cette sorte de papier qu'on écrit les vers de circonstance. Quiconque au Japon est en état de tenir une plume s'en sert ce soir-là dans l'intention de déployer ses talents poétiques.

Page 5 : cinquième saison, ou fête du Bonheur; la fleur de la saison, le *kikou,* se voit sur la tasse à saki et sur un sac d'argent. L'inscription de la tasse est un souhait de longue vie. Comme nous avons déjà parlé de cette importante cérémonie[1], il est inutile de s'y arrêter davantage.

[1] Voyez pages XIV et XV de l'Introduction.

Plate I.

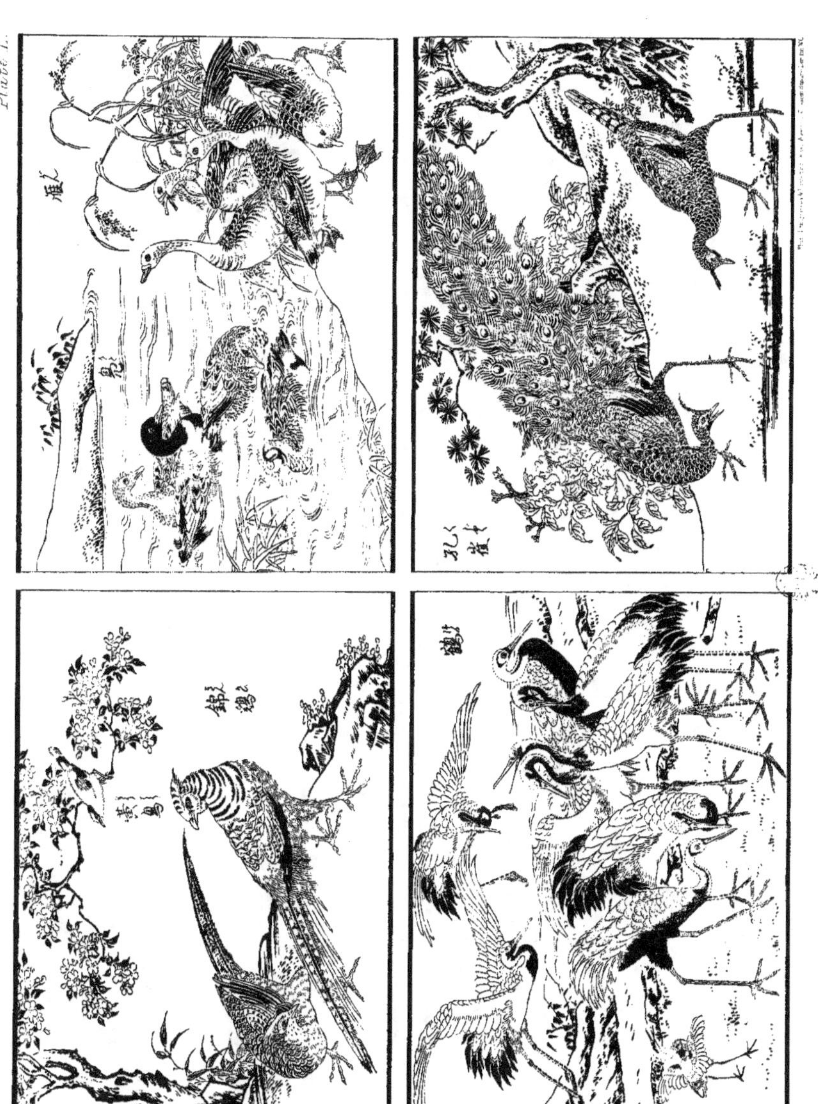

Page 6 : dernière saison appelée *Saïbo*. C'est l'époque des grandes pêches pour les fêtes du nouvel an. L'arbre nain qui est en pot est un *moumi*.

Tous ces dessins sont exécutés avec un soin méticuleux, en couleurs claires et opaques, et produisent beaucoup d'effet dans l'original. La reproduction autotype de notre planche n'est point parvenue à en donner une fidèle image, à cause surtout de la difficulté à rendre les rouges et les jaunes en photographie.

Il suffit de parcourir ces charmants petits médaillons qui illustrent toutes les manifestations de l'art pour se convaincre du talent des Japonais dans l'expression d'une idée précise. Tantôt c'est au moyen d'un végétal, tantôt d'un accessoire quelconque. Le vent, par exemple, ils le rendent visible par des brins d'herbe inclinés, par une branche de saule qui retombe languissamment, par le feuillage d'un arbre penché dans le même sens, par un oiseau voletant tout de côté, ou par un homme courbé en avant et retenant son chapeau des deux mains. D'autres artifices servent à peindre la pluie : quelques traits presque droits, espacés, brisés, pour une ondée de juillet; légers, assez drus, au-dessus d'une végétation naissante, pour les averses du printemps; lourds, serrés, très-obliques et sous des angles différents, pour la rafale d'hiver. Les nuages élevés et floconneux sont marqués par des lignes courbes au-dessus des pics ou des grands arbres; sont-ils bas et chargés de pluie, on les figure en masses horizontales sur les flancs d'une montagne. Un brouillard ressemble assez aux nuées d'orage, avec cette différence que les hachures tour à tour légères et opaques traversent les objets plus près du sol, tels que les rocs et les arbustes. Les brumes de mer se distinguent nettement, soit à l'absence totale d'accessoires sauf le terrain du premier plan et l'extrémité des mâts et des voiles de navires, si le rivage est proche; soit à la hune des mâts et au contour des voiles bien au centre, s'il s'agit de la pleine mer.

On pourrait sur de semblables détails s'étendre indéfiniment; mais en voilà assez pour montrer quelle dextérité et par quels simples moyens notre artiste sait faire parler la nature; et cette habitude de tout convertir en action prête un piquant caractère à ce qui sort de ses mains. Prenez une poignée d'éventails; les peintures en sont naïves, grossières peut-être; examinez-les un à un et vous les dénommerez. Éventails à la pluie de printemps, au clair de lune, au coucher de soleil, au pin couvert de neige, à l'arc-en-ciel, aux brises d'été, tels sont les noms que suggéreraient au plus pratique esprit de l'Occident les petites scènes familières qu'ils représentent. Il y a beaucoup à apprendre d'une boîte d'éventails en papier commun, qui valent environ deux sous pièce dans les rues de Yédo.

Revenons aux végétaux.

Les effets les plus artistiques sont ceux qui exigent le moins d'efforts : on les obtient en général rien qu'avec l'encre de Chine. Beaucoup de descriptions ont été faites par ceux qui ont eu l'occasion de voir travailler les Japonais : elles témoignent toutes en faveur de leur promptitude à inventer comme à exécuter. Un voyageur raconte comment il eut un jour la bonne fortune de voir un peintre d'écrans à l'œuvre dans son atelier, ouvert sur la rue, mais dont un paravent cachait les pièces finies. Frappé de son incroyable dextérité, il le pria de lui dessiner une grappe de raisin; c'était, en quelque sorte, une façon d'éprouver son talent, car, se rappelant les œuvres longuement travaillées de son pays, il s'attendait à ce qu'en face d'une tâche difficile, et d'après le temps qu'il y avait fixé, l'artiste allait rire et secouer la tête. Bien au contraire, celui-ci prit une feuille de papier de soie, et, trempant le bout de son pouce dans un godet d'encre de Chine, il se mit à tracer, les uns près des autres, une série de demi-cercles ombrés légèrement. Notre amateur crut avoir été mal compris ; mais, sans rien dire, il regardait en curieux cette manière d'opérer si nouvelle pour lui. Les demi-cercles achevés, le peintre mouilla d'encre le pouce et l'index à la fois, les appliqua sur le papier et, en quelques touches rapides, produisit deux masses ombrées, de forme irrégulière. D'un coup d'ongle il les raya de trois lignes noires, les rehaussa de tons légers çà et là, et tendit poliment à l'étranger le dessin terminé, qui représentait une grappe des plus appétissantes, aux grains rebondis, garnie de pétioles et de feuilles.

Ce n'est pas là un exemple mal choisi des méthodes expéditives en usage chez les Japonais pour peindre les sujets simples, qui les ont rendus justement célèbres. En parlant de l'artiste qui peignait avec deux brosses le cheval d'un *ex-voto*, nous faisions remarquer qu'il prenait plaisir à montrer son adresse ; et c'est, paraît-il, une pratique assez commune parmi ses confrères de s'abandonner de la sorte à leurs fantaisies. En voici d'autres preuves : on voit dans un album japonais un artiste assis sur un tabouret, devant un écran, en train de peindre avec cinq brosses à la fois, deux aux pieds, deux dans les mains et une à la bouche, ce qui est sans doute exagéré. Sur la même page ce peintre étourdissant vient de finir un cheval, et la bête est si étonnamment naturelle qu'elle s'élance hors du papier ; la stupéfaction du peintre est parfaite.

Une remarquable indépendance combinée avec un réalisme minutieux, voilà ce qui frappe l'observateur dans ces gouaches à l'encre de Chine. Point de tracé préalable, c'est la règle ; on finit le détail à la brosse. Un motif d'oiseau dans un buisson de fleurs nous en fournit la preuve. Il n'y a pas là apparence d'ébauche : plumes, branches, feuilles, pétales, tout a été fait à main levée, d'un coup de brosse plus ou moins accentué, et de façon à reproduire les jeux de lumière ; quelques tons foncés sur l'oiseau et les feuilles, du pointillé par ci par là, et l'œuvre est complète. Et pourtant, avec des moyens si simples et une allure si libre, l'effet est vraiment artistique et plaisant à voir.

Terminons cette partie de notre étude par une brève mention des objets inanimés introduits dans la peinture japonaise et du caractère qu'ils y affectent d'ordinaire.

Sur tous ses ouvrages on rencontre l'image d'un cône tronqué, aux côtés légèrement concaves : ce cône figure le Fousi-yama, volcan éteint qui s'élève à cent cinquante kilomètres de Yédo. Sa situation pittoresque et les souvenirs religieux qui s'y rattachent l'ont mis en grande vénération parmi les indigènes. M. E. Fonblanque s'exprime à ce sujet comme il suit : « S'il y a un sentiment universel chez toutes les classes de la nation, c'est celui d'un pro-« fond respect pour la montagne sacrée de Fousi-yama, le temple, la tombe et le monument « à la fois du fondateur de leur foi religieuse. Deux siècles se sont écoulés, dit-on, depuis que, « surgi en une nuit d'une convulsion de la nature, le Fousi-yama a dressé vers le ciel son front « orgueilleux et exigé le culte et l'amour des milliers de fidèles, qui, de tous les coins de l'île,

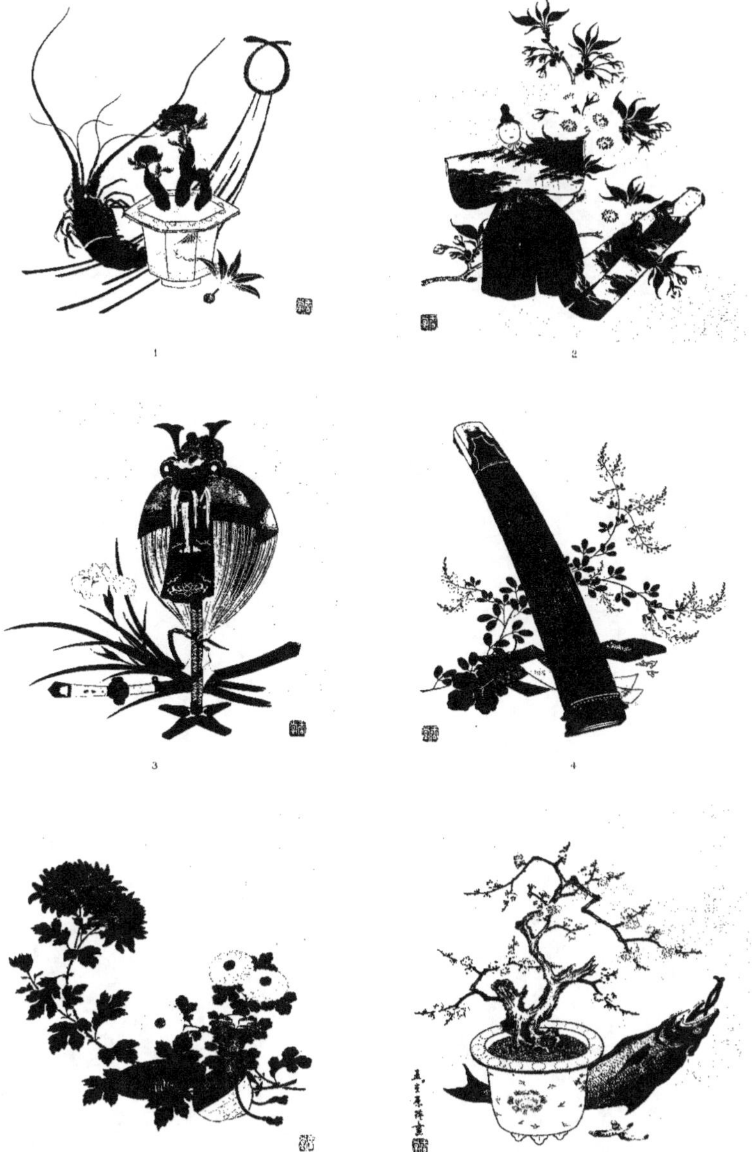

« aperçurent avec une terreur superstitieuse son pic couvert de neige se dégager pour la pre-
« mière fois des brouillards du matin. Le respect a survécu au temps et aux vicissitudes humai-
« nes; il s'est même accru avec la croissance et fortifié avec la force du peuple japonais. Le
« Fousi-yama, c'est son idéal du beau dans la nature; jamais il ne se lasse de l'admirer, de
« le glorifier ni d'en reproduire l'image. On le peint, on l'incruste, on le taille, on le laque,
« on le moule sur toutes sortes d'objets; les hommes le portent dans leur poche, les femmes
« sur leur poitrine, les enfants l'imitent sur les routes avec des tas de sable ou des mottes de
« terre...

« L'admiration des Japonais pour le Fousi-yama ne fait point de doute; mais il n'est pas
« aussi avéré qu'ils s'associent tous à ses pieuses légendes ni à la crédulité populaire, qui en
« fait le séjour des dieux les plus vénérés en même temps qu'une panacée infaillible contre
« les pires accidents, tels que la banqueroute ou la gale, la malechance au jeu ou en amour.
« Aussi le pèlerinage annuel est-il accompli par d'innombrables multitudes. Ses vœux sont-
« ils réalisés, notre dévot célèbre les louanges des dieux et du Fousi-yama; sinon, il emporte
« la mélancolique satisfaction de savoir que la faute en est à ses propres péchés, qui exigent
« une expiation nouvelle. Aucun personnage de distinction ne se mêle à cette cérémonie, et
« il n'est permis aux femmes de la suivre qu'une fois en soixante ans[1]. »

La montagne sacrée donne lieu à une foule de conceptions originales, où elle tient la place
d'honneur; on en voit sur les ouvrages en métal, en laque, en faïence et en porcelaine. La
figure suivante, tirée de la décoration d'une porcelaine en bleu, représente un lever de pleine
lune derrière les pentes échancrées du Fousi-yama.

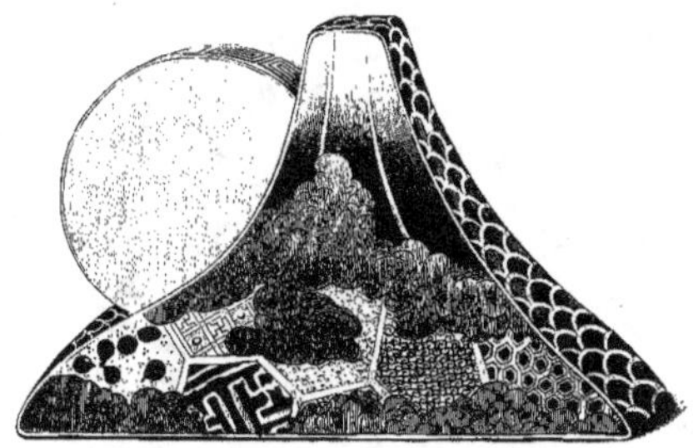

Le Fousi-yama, sujet d'une porcelaine d'Owari.

Le Fousi-yama, mesuré dans ces derniers temps, s'élève à 3,729 mètres au-dessus du
niveau de la mer; il est distinctement visible des faubourgs de Yédo. C'est l'aspect sous
lequel il se présente en cet endroit-là qui est le plus souvent indiqué dans les dessins nationaux. Les Japonais ne se bornent pas cependant à le représenter sous ce point de vue ou
dans les mêmes conditions atmosphériques. Il y a des recueils uniquement consacrés à l'illus-

[1] FONBLANQUE (E.-B.), *Niphon and Pe-che-li, or Two years in Japan and Northern China* (Niphon et Pé-tchi-li, ou Deux
années au Japon et dans le nord de la Chine); Londres, 1862, in-8.

tration de la montagne prise de tous côtés et sous ses aspects les plus variés, en plein soleil ou à la pluie, ayant une ceinture de nuages ou se perdant au milieu d'eux. Un de ces recueils, en notre possession, contient vingt-quatre vues du Fousi-yama sur autant de pages doubles, dont chacune, variée d'exécution, en donne un point de vue différent. La figure ci-dessous, empruntée à un autre recueil, le montre tel qu'il est vu de la mer.

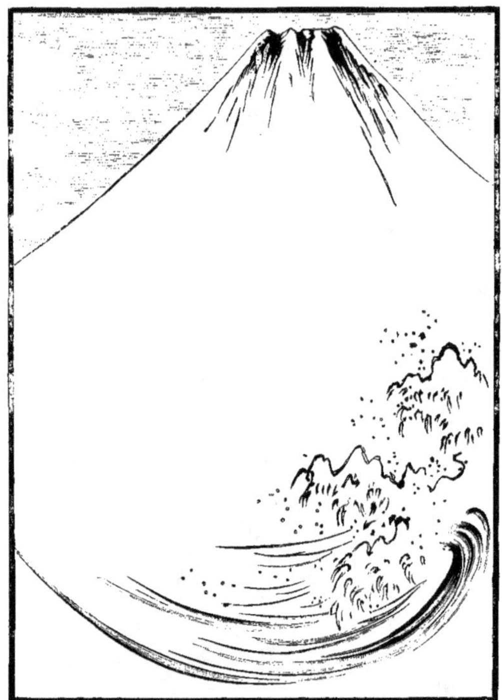

LE FOUSI-YAMA, VU DE LA PLEINE MER.

Au sommet de la montagne, couvert de neiges perpétuelles, s'élève le temple de Fousi-yama. M. Fonblanque en parle comme d'une « simple et modeste baraque, décorée d'idoles « en lave et d'oripeaux des plus communs. Le fidèle dépose ses offrandes sur l'autel et reçoit « en échange sur ses vêtements l'empreinte de figures grossières et de sentences, comme une « sorte d'attestation de son pèlerinage. On prête d'héroïques vertus à ces empreintes, princi-« palement pour la guérison des maladies de peau, et le nombre n'en est limité que par la « grandeur du vêtement et l'importance de l'offrande. »

Les sites montagneux, les terrains tourmentés, voilà ce que le Japonais recherche par-dessus tout; et chaque endroit, qui, par une bizarrerie de la nature, a pris un aspect fantasti-que ou extraordinaire, devient l'objet d'une admiration passionnée. Il en est de même, en général, pour tout ce qui est en dehors de la règle, et l'on doit à ce penchant la coutume de monter en bijoux et en décor de curieux ou d'uniques échantillons de métaux indigènes, et celle aussi de rapetisser ou de tordre à contre-sens les arbres et les plantes qui ornent les jar-dins en miniature et l'intérieur des appartements. Les livres à images abondent en reproduc-tions pittoresques de vues de montagnes; toujours fidèles et expressives, elles dénotent sou-vent un véritable sentiment de l'art; car, s'il est une chose qui frappe l'observateur dans ces compositions populaires, c'est bien leur vivacité d'expression, sobrement manifestée, mais en traits si clairs qu'il n'est pas possible de se méprendre aux intentions de l'artiste.

Dans les ouvrages d'un haut prix et dans les albums dus au pinceau d'artistes célèbres, comme en possèdent quelques collectionneurs de l'Europe, on rencontre des paysages de toutes sortes, traités avec l'exactitude et le talent qu'on peut attendre d'une éducation soignée et d'études consciencieuses. Il va sans dire qu'ils ne sont pas exempts des tendances particu-lières à l'art japonais, mais certains se rapprochent beaucoup de ce qui fait, à notre avis, la plus correcte école du paysage. Un des plus remarquables albums de ce genre que nous ayons eu l'occasion d'examiner appartient à M. William Goodwin : il contient des études d'après l'homme, les animaux, les oiseaux, le règne végétal, ainsi que des paysages, d'un effet puissant pour la plupart.

Le Japonais saisit et rend admirablement le relief des choses, surtout si, comme les mon-tagnes, les arbres, les rochers, elles offrent des contours bien arrêtés; pour d'autres, les eaux et les nuages, par exemple, il s'y attache peu, se contentant de les interpréter au point de vue décoratif. Quand il peint de l'eau, il sait se faire comprendre : une demi-douzaine de lignes lui suffisent à marquer les méandres d'un ruisseau, le cours précipité d'un fleuve, une cas-cade, un lac dormant ou une mer secouée par la tempête. La vue précédente du Fousi-yama en fournit un exemple. Les courbes vigoureuses et les hachures irrégulières, entremêlées de pointillé, suggèrent à l'esprit l'idée des vagues tumultueuses de la mer aussi fortement que pourrait le faire un de nos tableaux les plus finis. L'auteur ne visait point à autre chose : des-siner le pic du superbe Fousi-yama et indiquer clairement l'endroit où il s'était placé.

Ce sujet est loin d'être épuisé; mais ce que nous avons dit est suffisant, pensons-nous, pour atteindre le but que nous nous sommes proposé. L'art japonais présente un champ d'études aussi varié qu'intéressant, et l'on pourra retirer plus d'un avantage des humbles travaux de ces disciples enthousiastes de la nature, qui n'ont pas de rivaux dans tout l'Orient.

Avant de terminer cet essai, ajoutons quelques mots sur les manifestations religieuses de l'art japonais, en abordant néanmoins ce sujet avec la réserve que commande l'imperfection de nos connaissances sur les dogmes et croyances des sectes indigènes et sur leurs livres sacrés. Bien que l'exécution des images nous préoccupe bien plus que leur signification précise, encore est-il jusqu'à un certain point nécessaire de s'enquérir de leur origine afin de porter un jugement raisonné sur leur valeur artistique.

Signalons tout d'abord l'importance capitale de l'art religieux chez les Japonais, non-seulement parce qu'il est étroitement uni à leurs plus belles œuvres, mais parce qu'il leur a servi à manifester leur sentiment élevé de l'idéal et leurs facultés contemplatives. De tous temps et en tous lieux, l'art a puisé dans la religion et dans le culte des héros ses inspirations les plus hautes.

A ce sujet, un critique, que nous avons déjà cité, M. D.-D. Jarves, fait les remarques suivantes : « L'idée religieuse est l'alpha et l'oméga du génie des arts chez une race, le signe « distinctif de son influence et de son pouvoir. Elle précède toutes les autres idées, elle leur « survit. C'est à elle que l'âme, par une sorte d'impulsion irrésistible, demande ses plus inti- « mes consolations en ce monde et le secret d'exprimer ses élans passionnés vers l'autre. « Qu'elle le fasse dans les formes rangées sous l'étiquette de paganisme et de christianisme ou « de leurs innombrables sectes, peu importe : le sentiment vital, humain, qui surnage au « fond des cœurs, est partout un et le même, à savoir le désir de réaliser, en un langage acces- « sible aux sens, la notion abstraite et innée d'une puissance créatrice supérieure à l'âme et « qui régit sa destinée, pour le bien ou le mal, par des voies occultes ou visibles. En principe, « il n'y a point là plus d'idolâtrie sous une forme que sous une autre. L'idolâtrie consiste dans « la pratique ignorante ou superstitieuse à laquelle les œuvres d'art issues de cette influence « sont soumises. Le paganisme, tel que le montrent les rites du culte primitif de Sinto, est « aussi exempt d'idolâtrie que n'importe quelle religion monothéiste, même le judaïsme le « plus strict, tandis que le bouddhisme n'est pas, dans ses représentations artistiques, d'un « matérialisme plus grossier que le catholicisme. En traitant de l'art sacré d'un peuple quel- « conque, malgré le fétichisme de créatures absolument incultes, que l'objet d'une dévotion « aveugle soit un livre saint, une image ou un dogme incompréhensible au lieu d'une « volonté créatrice, qui est, après tout, la solution dernière, en somme, malgré l'idolâtrie de « race ou d'individus, nous placerions sur un pied d'égalité toutes les œuvres religieuses, « parce qu'elles émanent, au su ou à l'insu de leurs auteurs, d'une commune origine. »

On peut distribuer en quatre classes les monuments japonais qui touchent à la religion : 1° Figures isolées de dieux, de saints et de héros; 2° ces mêmes personnages (un ou plusieurs) mêlés à des créatures humaines ; 3° groupes de dieux ou de saints diversement occupés et quelquefois accompagnés d'hommes, d'êtres fabuleux ou d'animaux qui semblent avoir des fonctions ou des attributs particuliers; 4° sujets dogmatiques, surtout dans leurs rapports avec la vie future et la destinée qui attend les bons et les méchants au-delà du tombeau. Il y a naturellement d'autres allégories qui ne rentrent dans aucune des divisions précédentes.

En parlant de la mythologie japonaise, nous devons borner nos remarques aux motifs qu'ont traités les artistes, sans nous préoccuper des questions relatives aux diverses religions du pays.

Nous n'avons rien vu qui peigne la Création, bien que cette tâche ingrate et mal définie ait tenté plus d'un artiste, d'après le témoignage de Siebold; au point de vue indigène, la Création est limitée au Japon, l'immense et originaire berceau du soleil. Une série de six dessins, donnée dans *le Japon* de Siebold, partage comme il suit l'œuvre de la Création : le premier représente un disque entièrement blanc, commencement de toutes choses, masse globulaire de matière incréée qui, dès les premiers pas du temps, consistait en un mélange compacte de ténèbres et de clarté. Dans le second, le disque comprend deux moitiés, la blanche dessus, la noire dessous, métamorphose opérée par le mouvement initiateur, par la division du solide et des gaz, par l'apparition du ciel et de la terre. Le chaos, dans le troisième, est consolidé : du centre d'une masse de bouc couverte d'eau et de nuages, a surgi une tige, semblable à celle d'une plante, qui grandit et se transforme en un être primaire, appelé *Koumi-soko-tatsino-mikoto*. Le quatrième se rapporte à l'époque où, après la séparation complète du solide, du liquide et des gaz, *Pan-ko*, le premier homme, se crée lui-même, investi de pouvoirs divins pour procéder à la création de l'univers. On voit dans le cinquième la formation des îles du Japon par le dieu Iza-na-dji et la déesse Iza-na-mi (le troisième et le quatrième des êtres créés d'eux-mêmes), qui, debout sur le pont du firmament, président à l'œuvre. Enfin le sixième dessin montre les divinités créant les êtres vivants.

Puisque nous sommes sur la Création, qu'on nous permette de citer à ce propos un intéressant passage d'une brochure, écrite par un Japonais, Yasoukawa Sigenari, qui a vécu et étudié en Angleterre.

« La première époque de l'histoire fabuleuse du Japon peut être appelée *l'âge des Kamis* ou « âge des esprits, le mot *kami* signifiant dieu ou esprit. Les antiques monuments du pays « mentionnent cinq de ces gouvernants spirituels. Le troisième et le quatrième étaient l'un et « l'autre de sexe différent; les quatre premiers s'étaient créés eux-mêmes, tandis que le cin- « quième avait pour père et mère les deux précédents. Voici leurs noms dans l'ordre de pri- « mauté : *Ami-no-minaka-nouchi* et *Moutsoubi-no-kami*, pour les plus anciens; les deux qui « viennent ensuite ne paraissent pas avoir reçu de surnom particulier [1], et le dernier est « *Amateratsou-ogami*. C'est au second de ces *kamis* qu'est due la création du Japon, aux « deux suivants celle des montagnes, des fleuves, des plantes et des animaux. Le Japon por- « tait alors le nom de *Mischo-no-kouni*.

« Vers l'an 660 avant l'ère chrétienne, commence l'histoire authentique du Japon, avec le « premier souverain mortel, *Ninidji-no-mikoto*, le petit-fils supposé d'Amateratsou; ce dieu « lui fit présent de trois talismans : une pierre précieuse, une épée et un miroir, dont la pos- « session mettait Ninidji en droit de gouverner l'empire. Dès lors et jusqu'à présent, les « dieux sont toujours représentés un miroir à la main, et de ce temps-là aussi date le culte « des *kamis* [2]. »

Cette description concorde en substance avec celle des dessins de Siebold; les noms donnés aux *kamis* primitifs diffèrent toutefois chez les deux écrivains, et le voyageur allemand est le seul qui rapporte ceux des *kamis* créateurs.

---

[1] D'après Siebold, ils s'appellent *Iza-na-dji* et *Iza-na-mi,* comme nous venons de le voir.
[2] *A Sketch of the Japanese empire* (Tableau de l'empire du Japon), par Yasoukawa Sigenari; Londres, 1873, in-8.

Parmi les allégories mythologiques, il n'en est pas de plus fréquente dans les ouvrages d'art que celle des sept divinités de la Bonne Fortune, véritables génies tutélaires du foyer japonais. On les rencontre bien plus souvent isolées qu'ensemble, et leurs images ou statuettes ont été fabriquées en grandes quantités pour décorer l'intérieur des maisons. Il y a sur la planche XXXVII trois de ces figurines en faïence de Kioto aux riches couleurs, et sur les

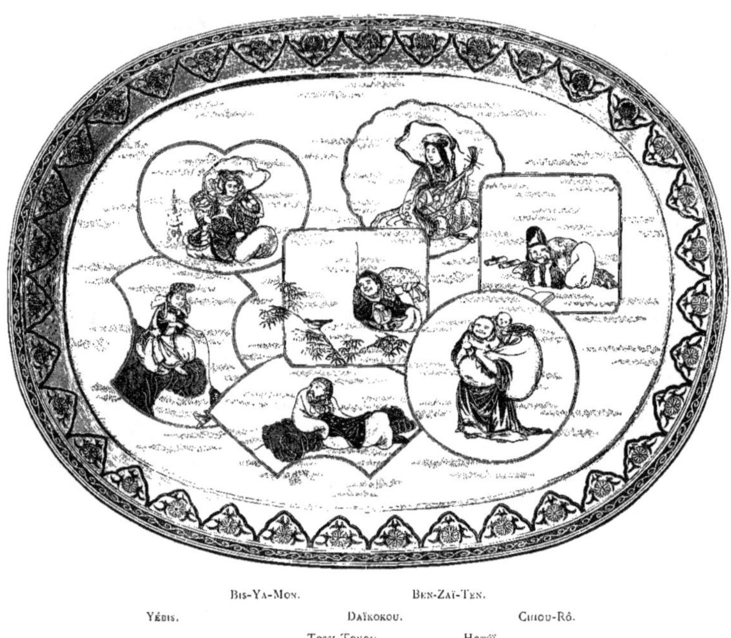

planches L et LI plusieurs autres en grès vernissé. La figure ci-dessous, d'après un magnifique plat ovale en faïence de Kioto, dernière époque, peint en émaux de couleur et or, représente les sept génies avec leurs attributs sur autant de médaillons superposés et de forme inégale.

Il n'est pas facile d'exposer clairement les croyances relatives aux dieux domestiques; qu'on ne les adore point à la manière des idoles, cela ne fait nul doute, non plus qu'on y rattache la moindre idée d'une destinée future. Ils exercent, pour ainsi dire, un pouvoir temporel et n'ont rien à démêler qu'avec les vivants.

Ces divinités marquent l'essor de l'imagination dans ses rapports avec les idées générales de bien-être et de félicité terrestre; elles personnifient les puissances inconnues, maîtresses de

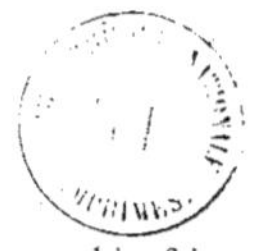

dispenser ces bienfaits et ces dons, sur lesquels les Japonais ont édifié leurs rêves de bonheur. Elles n'ont aucun point de contact avec les dieux lares de l'ancienne Rome, qui au Japon auraient été mis au rang des *kamis*. Les sept divinités paraissent émaner du libre choix populaire, sans se rattacher à une secte quelconque et sans avoir l'appui du clergé. « Que voulons-nous? Vivre longtemps, heureux, en joie et bonne santé. Eh bien, faisons-nous des dieux à notre guise, des dieux qui satisferont nos vœux. » Ainsi raisonna le peuple; s'il lui fallait gagner péniblement le pain de chaque jour, il n'en aimait pas moins le bien-être et le plaisir, échus en partage à ceux qu'il saluait jusqu'à terre comme ses seigneurs et maîtres. D'un désir inassouvi de posséder ce qui n'est, dans le cours ordinaire des choses, que le lot de quelques élus, naquirent les sept incarnations des grâces de la vie, et les dieux de la Longévité, de la Richesse, de la Santé, du Pain quotidien, du Contentement, du Talent, de l'Amour et de la Gloire furent créés de toutes pièces dans l'imagination du peuple; il les vénéra et les invoqua avec un singulier mélange de superstition et de bonne foi, les approcha simplement, sans culte régulier ni oraisons de commande. Chacun choisit dans le nombre ceux qui correspondaient à ses nécessités les plus pressantes ou à ses aspirations les plus chères; chacun les prit pour soi-même, et leur adressa ses supplications à son gré et dans les formes qui lui plaisaient.

Avec de telles visées, qu'y a-t-il d'étonnant si une sorte de religion naïve se forma peu à peu autour de ces êtres bienfaisants, autour de ces divinités qui accordaient tout ce qu'on exigeait d'elles pour rendre le riche heureux, le marchand prospère et le pauvre content, et qui, en retour, n'imposaient point de culte servile, de sacrifices ni de châtiments? L'humble dévot restait tranquille au logis près de ses petits dieux; il lui fallait, au contraire, se mettre en quête des temples consacrés aux grands dieux célestes, avant de savoir à quoi s'en tenir sur les promesses ou les menaces relatives à son sort futur. Se détournant avec autant de crainte que de respect des divinités officielles, il caressait, d'un air de complaisance, le crâne chauve et démesuré de son dispensateur de longue vie, le grave et vénérable Chiou-Rô, qui saurait reculer indéfiniment l'heure où les grands dieux irrités l'appelleraient à leur tribunal.

Voici comment s'exprime M. Jarves touchant cette religion populaire : « La grande affaire « des divinités domestiques est de procurer aux hommes les dons qu'ils estiment les plus « précieux, tels que longue vie, nourriture, richesse, talents, gloire, amour et contente- « ment, bien que la possession des premiers paraisse rendre les autres superflus; mais les « dieux, ayant une longue expérience de l'humanité, savaient ce qu'ils faisaient. Les six pre- « miers se ressentent fortement des ambitions terrestres; les Japonais y aspirent avec une « sincérité naïve, bien faite pour désarmer le plus rigide de leurs petits génies, qui, à ce « qu'il paraît, ne sont jamais en butte aux obsessions impérieuses, dont, chez nous, les « dévots fatiguent le ciel. Un Japonais ne voit rien d'inconvenant à demander à son dieu de « le faire gagner à la loterie, ou de l'aider dans ses affaires ou ses amours; il ne cherche « pas à le corrompre au moyen de manœuvres spécieuses ainsi que le fait un Européen dans « ses dévotions aux saints ou à la Vierge. Trop simple pour user de semblables subterfuges,

« il va droit au but et dans les termes les plus nets, mais il n'exige pas grand'chose. La
« somme de bonheur qu'un Anglais désire pour lui seul suffirait à défrayer amplement tout
« un village japonais. »

Il est rare qu'une famille se place sous la tutelle ou le patronage des sept divinités; le plus
souvent deux à quatre font l'affaire, et on les choisit au goût des solliciteurs. Pourtant celle
de la Longévité figure presque toujours sur la liste. Au pauvre il faut le Pain quotidien et le
Contentement; au soldat, l'Amour et la Gloire; au noble, la Richesse, le Talent, l'Amour et
la Gloire, dont la réunion, pense-t-il, lui assurera le Bonheur et le Contentement; mais
chacun d'eux inscrit, de plus, la Longévité au premier rang.

Nous allons décrire le plus brièvement possible ces divinités populaires, qui se rencontrent
si fréquemment dans la céramique.

Le premier en importance est le dieu de la Longévité. On l'appelle en japonais Chiou-Rô,
et quelquefois Dzirodjin[1]. C'est un personnage sérieux et vénérable, à la barbe blanche et
au crâne monstrueusement allongé. Ce développement anormal est, dit-on, le résultat de
ses continuelles réflexions sur la manière de rendre les mortels heureux et d'assurer à ses
fidèles le bénéfice tant souhaité d'une longue existence. Aussi a-t-il servi de thème à cette
énigme : « Quelle est la chose la plus longue, la tête de Chiou-Rô ou une journée de printemps? » Et l'on répond : « Qui pourrait le dire? Ils sont si longs tous deux! »

La céramique traite habituellement Chiou-Rô avec le respect dû à son caractère sacré, et
le montre sous une apparence solennelle et méditative. Il y a des exceptions, et parfois son
image provoque le rire. Par exemple, on le verra bâiller de toutes ses forces et s'étirer les
membres (planche LI), probablement par suite d'un enfantement pénible qui aura épuisé son
cerveau. La figure ci-dessus le représente couché, la tête entre ses mains, l'air recueilli, et
entouré de livres. Dans l'un et l'autre cas, il n'est pas accompagné de ses attributs particuliers, la grue et la tortue, qui sont regardés, comme nous l'avons dit, comme des emblèmes
de longévité. Presque invariablement il s'appuie d'une main sur un long bâton, lorsqu'on le
voit debout, et manie un éventail dans l'autre.

Vient ensuite, par rang d'importance, Daïkokou, le dieu de la Richesse. On le figure sous
les traits d'un brave homme, gros et court, et dans le costume d'un *daïmio* de l'ancien
temps, avec un bonnet ramené sur le front. Assis sur des caisses de marchandises ou des
balles de riz, il porte sur l'épaule le sac aux écus, et de la main droite un marteau de
mineur, son principal attribut. La nature humaine ayant un penchant prononcé aux excès
d'ambition et d'orgueil, ce dieu doit être de petite taille pour qu'il soit plus facile de
prendre en tous temps une humble attitude; le bonnet est tiré sur les yeux afin de les empêcher d'avoir des visées trop hautes et de les habituer aux tristes réalités d'ici-bas. Le sac jeté
sur le dos et retenu, à l'ouverture, par la main gauche, fait allusion à la double difficulté

---

[1] En Chine une pareille divinité reçoit aussi une espèce de culte; son nom est *Cheou-lao*, et l'on croit qu'elle personnifie le
philosophe Lao-tsé. « Sa tête vénérable, monstrueusement élevée à la partie supérieure, apparaît douce et souriante, avec ses
« sourcils et ses cheveux blancs; monté ou appuyé sur le cerf blanc ou l'axis, il tient souvent dans la main le fruit de l'arbre
« fabuleux de Fan-tao qui fleurit tous les trois mille ans et ne fournit ses pêches que trois mille ans après. » Jacquemart, *les
Merveilles de la Céramique*, t. Ier, p. 58. (*Note du traducteur.*)

d'acquérir la fortune et de la garder; ce qu'on en distrait doit être sévèrement contrôlé. Le marteau de mineur est l'emblème du travail, l'unique moyen honnête d'obtenir les biens de ce monde; et les balles de riz ou de marchandises représentent l'industrie honnête, qui seule peut élever les petits à la considération et au bien-être. Telle est la signification symbolique du puissant Daïkokou. Non contents de l'investir de tous les signes de la richesse, les Japonais n'ont pas manqué de se divertir un peu à ses dépens en lui associant un compagnon des plus actifs, le rat, comme emblème de la destruction. Dans le principe, leur idée de la richesse n'allait pas au-delà de la possession du riz, et le rat en est le plus grand consommateur.

Suivant Kæmpfer, Daïkokou aurait le pouvoir, en le frappant de son marteau, de faire jaillir du sac aux trésors tout ce que lui demandent ses adorateurs; ils ont une confiance absolue en son bon cœur et sa générosité, et ne cessent de l'assaillir de leurs requêtes. *Ki-no-yi-ni-nohi*, ou le Jour du rat, est le moment de l'année où les gens de toutes classes adressent leurs supplications à Daïkokou.

Le troisième dans la faveur générale est YÉBIS, le dieu du Pain quotidien ou plutôt de la Vie de chaque jour. Les vieilles traditions en faisaient le frère du dieu Soleil; tombé en disgrâce, il avait été réduit à gagner sa vie comme pêcheur. On ne l'en estimait pas moins, car ce métier, des plus indispensables chez un peuple insulaire, était très respecté autrefois. « On croyait, » rapporte Kæmpfer, « qu'Yébis pouvait passer impunément deux ou trois « jours entiers sous l'eau. C'est le Neptune du pays et le patron né des pêcheurs et des mate- « lots. On le représente assis sur un rocher, tenant d'une main une canne à pêche et de « l'autre le fameux poisson *Taï.* »

Yébis est assurément une des divinités les plus populaires du foyer, et le dispensateur du pain quotidien méritait de l'être. Dans l'art céramique, on en a fait un personnage petit et gros, à la mine plaisante et réjouie, en habits flottants, ayant pour coiffure un *yébochi,* bonnet noir porté par les personnes de marque, et tenant dans ses mains le poisson *Taï* et la ligne qui lui a servi à le prendre. La figurine de la planche XXXVII est un admirable type du dieu.

Citons à ce sujet un nouveau passage de M. Jarves :

« Mon favori, c'est Yébis l'amphibie, le pourvoyeur de la vie quotidienne, jovial génie de « la mer, qu'on voit d'ordinaire coiffé d'une énorme écrevisse, drapé d'algues marines, et les « jambes en fuseau terminées par de tortueuses griffes. A cheval sur le dos d'un infernal « dauphin, les mains chargées de présents, il semble exécuter un fandango nautique, et sa « physionomie respire un mélange bouffon de bienveillance et de cocasserie, de grosse « malice et d'exubérance. Voici un Yébis du temps jadis caracolant sur un poisson mons- « trueux : la mer leur livre passage et les flots joyeux suivent en cadence leurs mouve- « ments; cette scène est figurée avec un modelé si souple et si fin, avec une telle énergie « d'effet, qu'elle passerait pour un chef-d'œuvre de l'art si elle ne reproduisait en même « temps le type le plus caractéristique du divin patron des pêcheurs. » Nous avons repro- duit ce passage parce qu'il décrit une figuration qui n'est pas venue à notre connaissance et qui doit être peu commune.

La statuette d'Yébis se trouve dans presque toutes les maisons, respectueusement placée sur le *Kami-dana* ou *Boutzou-dana*. C'est à Nichi-no-miya, entre Osacca et Obi, que s'élève son principal temple au Japon; ce lieu de pèlerinage est fréquenté par tout le monde, et plus particulièrement par les marchands et les artisans. La fête solennelle d'Yébis est célébrée le vingtième jour du dixième mois.

Hotéi, le dieu du Contentement ou de la Bonne Humeur, est le quatrième des génies domestiques. Il personnifie la modération et l'égalité d'âme au sein de la pauvreté. Sans foyer, sans aucune des jouissances de la famille, il mène une existence vagabonde, traînant çà et là sa besace, quelquefois pleine et le plus souvent vide; quoique dénué de ressources, il ne témoigne jamais ni mécontentement ni mauvaise humeur, et vient s'asseoir au milieu de ses amis ou des petits enfants, leur raconte d'amusantes histoires et les laisse jouer avec sa besace ou lui grimper aux jambes. Telle est la légende populaire.

On lui prête d'habitude l'aspect d'un homme gros et robuste, au ventre qui déborde à nu sous ses haillons; il est nu-tête, et porte une besace, un éventail et une lampe (*voyez* planche XXXVII). Tantôt on le voit assis sur un buffle, tantôt sur un sac d'étoupes. La planche L le représente admirablement dans son rôle de vagabond sans souci, jouant avec un enfant, qui veut sortir de sa besace; pour l'expression typique et la bonne humeur, c'est une des images les mieux réussies de ce singulier petit dieu.

« Les Japonais », dit M. Jarves, « ont distingué avec beaucoup de finesse le côté moral
« de leurs divinités. Hotéi est le dieu du Contentement, non dans la fortune, ce qu'ils
« savent impossible, mais dans la pauvreté. Ils abandonnent les riches et les puissants à leurs
« propres ressources et réservent le pur sentiment pour ceux qui n'attendent de personne
« leur chance de bonheur. Quel bohème ! quel songe-creux que cet obèse Hotéi! un
« Diogène oriental, moins sa philosophie cynique et son révoltant égoïsme, mais jaloux
« aussi de sa part au soleil ! C'est le grand favori des gens de campagne, des enfants surtout;
« lorsqu'il flâne en quelque endroit pittoresque, il leur dit des contes pour rire, leur fait
« de petits cadeaux, dévoile à leurs yeux éblouis les magnificences du firmament, des étoiles
« et de tout ce que la nature ou la vie peut offrir pour divertir ou charmer leurs tendres
« imaginations. »

Tossi Tokou, le docteur savant et vénérable, est le dieu du Génie et du Talent. Malgré ses dehors sérieux, il est très accessible aux petits enfants; il met avec eux sa dignité à part et condescend à les inspirer dans tous les jeux intelligents qui exigent à la fois de la réflexion et du savoir-faire. On le représente sous les traits d'un vieillard grave et aimable, vêtu d'une ample robe aux larges manches; il a un faon à ses côtés, et il porte un éventail, ainsi qu'un long bâton auquel sont suspendus ses manuscrits. Son merveilleux savoir est exprimé par l'allongement démesuré du front, et sa sagacité par de grandes oreilles et des yeux perçants. Sans cesse il est en route, dispensant ses dons précieux sur son passage. On le fête au nouvel an, et ses fidèles le supplient alors de leur accorder sagesse et prévoyance pour se guider dans toutes leurs entreprises de l'année.

La plus remarquable de ces divinités inférieures est Ben-zaï-ten-ndjo, par abréviation Benten, qui préside à l'Amour, à la Beauté et à la Richesse. Il ne paraît pas qu'elle personnifie, comme la Vénus antique, la beauté physique et l'amour des sens ; c'est plutôt le type de la femme parfaite, de la matrone sévère et accomplie. Dans la céramique, elle est, en général, représentée assise, dans une attitude contemplative, laissant courir ses doigts sur un instrument à cordes de son invention. Comme symbole de la mer, cette source inépuisable de nourriture et de fortune pour les Japonais, on la place souvent, debout ou assise, sur le rivage, improvisant au bruit des flots quelque mélodie céleste. Quand elle n'a point d'instrument de musique, elle tient une clef d'une main et la perle incomparable de l'autre ; elle est vêtue d'un riche manteau bleu, avec l'étole sacrée, et sa tête est ceinte d'un diadème.

L'origine de cette déesse a fourni à Kæmpfer les matériaux d'un long récit, que nous allons abréger.

Bimsio, fille d'un homme riche, avait épousé un certain Symnios Daï Niosin ; n'ayant pas d'enfants après plusieurs années de mariage, elle implora avec ferveur la bonté des dieux. Ses instantes prières furent miraculeusement exaucées, et elle mit au monde cinq cents œufs. Remplie de terreur à cette vue, la pauvre femme mit tous ces œufs dans une caisse, qu'elle marqua du mot *Fosdjorou*, et alla les jeter à la rivière Riousagawa. La caisse tomba dans les filets d'un vieux pêcheur, qui, la voyant pleine d'œufs, résolut, de concert avec sa femme, de les faire couver artificiellement. Le résultat fut la naissance de cinq cents enfants mâles. Quoique bien misérable, le digne couple se résigna à élever, de son mieux, cette colossale progéniture, en la nourrissant d'une bouillie d'armoise et de riz. Devenus grands, les enfants, obligés de s'entretenir eux-mêmes, cherchèrent dans le vol des moyens de subsistance. Un jour que, talonnés par la faim, ils étaient entrés chez un riche propriétaire, à quelque distance de la rivière, on leur demanda qui ils étaient ; ils racontèrent l'histoire des œufs où ils avaient pris naissance, et furent reconnus par la maîtresse du logis comme ses propres fils, car c'était bien elle qui avait mis ces œufs au monde et les avait ensuite jetés à l'eau. La bonne mère, pour réparer ce défaut de confiance en la bonté des dieux, retint ses fils chez elle, et célébra en leur honneur une grande fête où l'on servit aux nombreux invités des gâteaux d'armoise et de riz. « Dans la suite, » ajoute Kæmpfer, « elle fut placée au rang « des divinités, sous le nom de *Bensaïten*. Elle est servie dans les régions célestes par ses « cinq cents fils, et on lui rend un culte comme déesse de la Richesse. »

D'après le même auteur, elle est plus spécialement adorée dans la seconde fête solennelle de l'année, qui a lieu le troisième jour du troisième mois, alors qu'on distribue des gâteaux d'armoise et de riz à tous les convives présents.

Aucun écrivain moderne ne parle de cette légende ; cependant la déesse est regardée comme une mère féconde, ayant donné le jour à quinze fils. Voici, sur son compte, le témoignage de M. Jarves : « Benten est prolifique, je l'avoue. Elle a quinze fils, tous, « excepté un, bien élevés et pourvus d'un métier utile ou honorable. Le premier est auteur, « le second employé de bureau ; les autres sont fondeur sur métaux, banquier, fermier, « marchand, tailleur, fabricant de soieries, brasseur, prêtre, médecin, estafette, éleveur et « boulanger. Le quinzième fils n'a point de profession ; peut-être est-ce la brebis galeuse,

« qui se glisse dans les meilleures familles, à leur grand désespoir. Quoi qu'il en soit,
« quatorze citoyens utiles donnés à l'État, voilà une bonne recommandation pour les vertus
« de leur mère. Oui, les Japonais ont raison d'honorer Benten comme le modèle le plus
« parfait de son sexe. Ils vont plus loin : ils reconnaissent en elle le fécond principe de la
« vertu et de la générosité en l'identifiant à la mer, cette bienfaitrice de l'empire.
« En cette qualité, ils l'habillent de robes magnifiques, ils lui mettent au front l'auréole
« divine et sur la tête le diadème royal. Jamais elle n'a rien d'une vierge ; au contraire, c'est
« partout la mère, qui engendre, qui nourrit, qui élève, la personnification complète des
« actes et des qualités les plus utiles et les plus agréables à l'homme. »

Dans certains cas (et c'est ainsi que les temples bouddhistes l'ont admise), elle a huit
bras, chargés des emblèmes de ses nombreuses attributions ; sa tête est ornée de trois
flammes, en souvenir de la triade mystique. Sous cette forme, elle est le génie protecteur
de la terre, la dispensatrice de tous les dons qui peuvent la rendre fertile, en même temps
que de tous les agréments qui font le bonheur de la vie.

Les femmes demandent à Benten l'art de plaire, les talents et la richesse ; les hommes
implorent son aide pour qu'elle les fasse riches par leur propre génie. Le jour de la Couleuvre
passe pour le plus propice quand on va visiter ses autels, élevés d'ordinaire sur des îles ou
au bord de l'eau ; ce jour-là, ils sont assiégés de dévots, dont les moyens d'existence sont
fondés, comme les acteurs et poètes, sur l'exercice des dons naturels. La couleuvre est consacrée à Benten ; on l'associe à ses autels, et elle abonde dans les environs. Aussi les dévots
ont-ils souci de lui faire mal, pas plus qu'à aucun reptile, de peur d'encourir la colère de
la déesse et de s'exposer à voir repousser leurs requêtes.

Le dernier de ces génies du foyer est Bis-Dja-Mon, le dieu de la Gloire. Bien que moins
souvent figuré que les précédents, il personnifie les vertus viriles et chevaleresques. En qualité
de patron des princes et des guerriers, il obtient d'eux plus d'hommages que de la part des
classes inférieures et pacifiques ; celles-ci ne l'admettent jamais à côté des joyeux Yébis et
Hotéi. Ce n'est pas une divinité populaire, car la guerre, qui lui sert à distribuer ses faveurs,
est rarement profitable au marchand et au laboureur. Bis-Dja-Mon vide leur bourse, ruine
les fruits de leur travail, brûle leurs demeures, et de tout ce qu'ils ont perdu comble ses
adorateurs. Il protège également la caste sacerdotale, qui lui prodigue les marques de
respect.

On le représente dans la céramique comme un guerrier, couvert d'une armure éclatante,
et tenant une lance ornée de banderoles. D'autres fois on substitue à la lance une pagode
ou le modèle d'un temple, et alors il est le patron des prêtres. Nous avons sous les yeux une
très belle peinture bouddhiste, montée, à la mode japonaise, en soie brochée d'or sur des
rouleaux à coins de cristal de roche. La figure principale est un Bouddha, au-dessus de la fleur
symbolique et absorbé dans le *nirvana*. A sa droite, foulant aux pieds un démon qui rampe,
se tient un majestueux Bis-Dja-Mon, vêtu de robes splendides par-dessus sa cuirasse, coiffé
d'un casque à panache écarlate, et portant une espèce de trident et une pagode en miniature.
Autour de sa tête rayonne un large nimbe d'or, d'où s'échappent trois houppes enflammées,

emblème de l'âme humaine. A gauche du Bouddha est placé Toudo, le dieu des Châtiments, démon au corps d'un bleu dur, à demi vêtu et environné de flammes ; il a dans ses mains une épée nue et un paquet de cordes. Les deux figurines sont évidemment destinées, dans cette peinture, à représenter le ciel et l'enfer.

Les démons se rencontrent souvent dans l'art religieux, et presque toujours on les distingue des saints ou des mortels par un coloris rouge, vert, bleu, ou par toute autre couleur voyante, ce qui contribue à rendre plus saisissant leur aspect infernal. Quelques-uns sont armés de crocs et de cornes, mais nous n'en avons pas vus avec une queue ou le pied fourchu. L'idée d'un diable bestial ou méphistophélique ne semble pas avoir germé dans le cerveau des Japonais.

Nous ne saurions parler des démons sans donner une courte description de l'enfer bouddhique, tel que le comprennent du moins les artistes. Quelques exemplaires de cette figuration intéressante ont pénétré en Europe, et nous allons décrire celui qui est devant nous. C'est un rouleau en soie, monté sur papier, d'environ 3 mètres 1/2 de long sur 3 mètres de large ; l'espace que couvre la peinture mesure 3 mètres de long. Cette peinture, afin d'en rendre le sujet plus clair, peut être divisée en quatre compartiments ; elle commence à droite et continue par la gauche, comme tous les livres et rouleaux japonais. Le premier compartiment débute par trois figures humaines, enveloppées de leurs linceuls, se dirigeant d'une sombre vallée vers un poteau indicateur placé près du gué d'un fleuve au cours impétueux ; l'une le traverse, appuyée sur un bâton et en retroussant sa robe blanche ; les deux autres l'ont franchi, mais s'arrêtent pâles et frémissantes à l'aspect de la région épouvantable où il leur faut entrer. La vallée et le fleuve sont les emblèmes de la mort et de la tombe, lieu glacé de passage vers le monde ultérieur. Au loin, sur la rive, une horrible géante aux cheveux gris (*Gan-ʒou-no Kani-baba*[1]) est adossée au tronc d'un arbre mort ; elle fait d'effrayantes grimaces à un groupe de quatre misérables créatures prosternées à ses pieds et les dépouille de leurs linceuls, avant de les laisser poursuivre leur voyage. C'est dans leurs linceuls qu'elles ont traversé la vallée des ombres de la mort et le gué du grand fleuve ; c'est presque nues qu'elles vont paraître devant le juge redoutable qui doit prononcer la sentence.

Le second compartiment s'ouvre avec le tribunal suprême. Le juge (*Emma-oh*), un énorme géant rouge, est assis à une table, sur laquelle est posée une page du livre de mémoire. De la main droite, il agite une espèce de batte, dont il se sert pour imposer aux coupables ou pour donner plus de poids à ses remarques. A gauche, il est flanqué de deux auxiliaires et d'un démon bleu, à crocs et à cornes, portant une lourde massue ; à droite, d'un scribe, muni d'un pinceau et d'une tablette, couverte d'écriture. Près d'un coin de la table, un tréteau élevé supporte deux têtes, celle d'une femme à l'air calme et celle d'un démon rouge aux yeux ardents et à la bouche grande ouverte, d'où sort un ruisseau de feu, qui menace d'inonder les malheureux humains blottis en tas devant la table. La signification de ces deux

---

[1] Nous empruntons les noms indigènes des personnages de cette peinture à un article de la *Theological review* (t. XI, 1874), dont l'auteur, en décrivant un enfer semblable, a reçu l'aide d'un savant japonais.

têtes est ainsi donnée par le rédacteur de la *Revue théologique :* « Celle qui a les yeux
« perçants, la bouche accusatrice, est *l'OEil* (Mi-rou-mi), un terrible témoin ; celle au visage
« pâle et réfléchi est *l'Oreille* (Ki-kou-mi) : elle se recueille avant de déposer. Toutes deux
« sont sur leurs gardes, prêtes à contrôler les aveux des méchants, qui, gémissants et
« suppliants, se pressent en foule devant le juge. » Le tribunal est installé sur une haute
plate-forme, dont les degrés conduisent au seuil de l'enfer.

Nous voici maintenant dans le séjour des châtiments. Tout d'abord se présente un démon
rouge, forçant un misérable, qui hurle et se débat, à regarder dans un énorme miroir
(image de la mémoire) le crime qu'il vient expier. Ce crime nous est révélé par la scène
faiblement esquissée dans le miroir : une ferme brûle, et l'incendiaire s'enfuit à travers les
ténèbres, une torche à la main. Près de là, un autre démon rouge est en train de peser un
méchant, et guette en ricanant le mouvement de la balance, qui tombe sous le poids du
péché commis. Plus loin, un démon vert traîne un chariot en flammes, rempli de condamnés,
qu'il va précipiter dans un lac de glace (*Hachi-kan-ʒigo-kou,* huit fois gelé), et on les y
voit ensuite se démenant et s'efforçant de rester à la surface. Les extrêmes souffrances se
touchent.

La troisième partie est consacrée à une nouvelle phase de peines. On pourrait l'appeler la
partie sanglante, car les pécheurs y sont mis en pièces à coups de bâton, déchiquetés par les
oiseaux de proie, écrasés entre des rochers, pilés dans un mortier. Des démons, bleus,
rouges et verts, font l'office de bourreaux, et des flots de sang jaillissent de toutes parts.
L'horreur de ces châtiments s'accroît au centuple pour le bouddhiste, convaincu qu'après
chacun d'eux le corps se guérit entièrement afin d'en pouvoir supporter de nouveaux.

C'est la dernière partie, celle du feu, qui est la plus terrible et la plus inventive des
quatre. L'auteur que nous avons déjà cité la décrit ainsi : « Elle représente l'abîme final, dit
« *huit fois profond ;* la tempête, les éclairs et le feu y font rage. Tout autour rampent des
« serpents, qui veillent à ce qu'aucun damné ne s'échappe. Au milieu, un monstre à trois
« têtes, couronnées de crânes, brandit une barre rougie au feu ; un autre à tête de taureau
« entasse les victimes, ruisselantes de sang, dans un immense chaudron alimenté par des
« flammes furieuses. Au-dessus, plane une tête gigantesque : c'est l'OEil, qui darde de côté
« et d'autre des regards farouches. »

Tel est un des côtés de la démonologie au Japon, mais il n'en faudrait pas conclure qu'elle
soit bornée à cet exemple des sombres superstitions du clergé bouddhiste. Il y a dans les
croyances populaires sur les esprits du mal un fond de cruauté maligne et de plaisanteries.
M. Jarves l'a bien fait ressortir lorsqu'il écrit : « Les diables japonais ne semblent pas être
« ennemis irréconciliables de l'homme, et pousser à la déchéance de son âme, comme le
« Satan chrétien. Au contraire, ils ont une tendance marquée à lui jouer des tours et à le
« bafouer. Je parle ici des diables indigènes, non de ceux qu'a introduits le bouddhisme. Ils
« *rôtissent* leurs victimes avec des traits malins et de grossières épigrammes, ce qui est
« préférable pour ces derniers aux bûchers et aux chaudières de l'éternel enfer. Il arrive
« parfois aux êtres vivants de capter, à l'aide d'esprits supérieurs, la bienveillance de certains

« démons, et de faire rire aux dépens de ceux qui les taquinent et leur font peur. Au point
« de vue psychologique, c'est une singulière façon de considérer le mal en ce monde en le
« traitant sur un ton sérieux et drôlatique à la fois ; mais cette façon de penser paraît être
« particulière au tour d'esprit des Japonais, du moins dans leurs œuvres d'art. Et pourtant,
« en matière d'étiquette, on ne rencontre pas de gens plus graves, plus formalistes, plus
« cérémonieux. »

Il est tout à fait impossible, dans une Introduction, d'approfondir un sujet aussi compliqué
que la mythologie dans les arts du Japon. Nous sommes donc forcés de passer sous silence les
innombrables représentations bouddhiques de saints et de divinités, qu'on voit sur les vases,
les bols, les tapisseries, les livres et les rouleaux ; sous le rapport artistique, ils offrent peu
de choses à signaler. Il y a cependant trois divinités pour lesquelles nous ferons une exception, à savoir celles du tonnerre, du vent et de la guerre. Le Vent (*Kaʒi-no-kami*) est un
monstre grotesque, dominant la tempête, le dos chargé d'une outre énorme, dont il tient
les deux ouvertures entre ses mains et d'où l'air s'échappe avec violence. Le Tonnerre
(*Kaminari Sama*) est une autre créature fantastique, homme et bête, bondissant parmi les
sombres nuées, et frappant à coups de baguette les tambours qui font une ceinture à sa tête.
La Guerre a trois têtes et plusieurs bras, qui tiennent des armes diverses, arc, sabre,
lance, etc.; elle galope à travers l'espace, montée sur un sanglier ou un cheval sauvage.
Ces imaginations, toutes expressives au plus haut degré, sont des preuves nouvelles de la
puissance des artistes à concevoir et à rendre des figures pittoresques.

En terminant cet essai, nous ne pouvons nous empêcher de reconnaître combien il est
imparfait et insuffisant. Notre excuse est dans l'immensité du sujet et dans la difficulté
qu'éprouvera toujours un esprit européen à l'embrasser sous toutes ses faces. Tel qu'il est
néanmoins, nous espérons que ce modeste travail présentera des avantages pratiques à ceux
qui voudront étudier l'histoire de l'art en Orient. Nous avons cherché, en classant autant
que possible nos observations d'une manière systématique, à les rendre plus utiles et d'une
consultation plus aisée ; mais, nous le sentons bien, le choix d'une semblable méthode a
communiqué à l'ouvrage une raideur et une sévérité qu'on aurait pu éviter en le traitant
avec des vues plus générales. D'autre part, qu'y aurait-on gagné ? L'Introduction, ainsi
comprise, eût pris un développement considérable, et n'eût pas ajouté un fait de plus à son
utilité.

Avec cette explication de la méthode que nous avons suivie, nous recommandons notre
travail à la bienveillance du lecteur, en le priant d'excuser nos fautes.

Le Soleil rouge du Japon, insigne national.

L'ART CÉRAMIQUE

AU

JAPON.

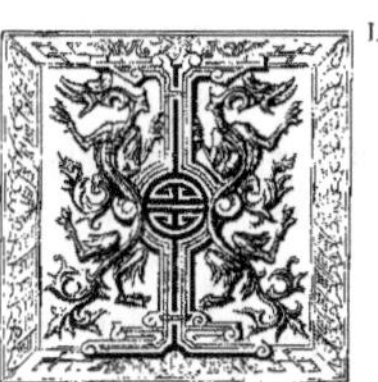 L est à peu près certain que l'art de fabriquer la porcelaine fut pratiqué au Japon à une époque fort ancienne et qu'il y fut introduit par des ouvriers de la Corée, où il était déjà connu. Cet art est sans contredit d'origine chinoise, et il fut, ainsi que plusieurs autres branches d'industrie, appris par les intelligents Coréens à l'école des Chinois.

A quelle date cette fabrication a-t-elle été importée, c'est une question qui n'est pas encore éclaircie, rien n'étant plus douteux, pour n'en pas, dire davantage, que l'époque assignée par une vieille chronique japonaise. D'après le docteur Hoffmann (de Leyde), qui a traduit cette chronique, ce serait en l'an 27 avant notre ère que les partisans d'un certain prince de Sinra quittèrent la Corée pour aller s'établir au Japon et y fondèrent la première corporation de fabricants de porcelaine; ou encore que la famille de Chin-Han chercha refuge en ce pays, après avoir abandonné les terres qu'elle occupait dans le sud-est de la Corée. Cette famille, selon la tradition, descendait de la dynastie de Tchin, que celle de Han avait chassée en 203 avant notre ère. L'industrie de la porcelaine, un des éléments de la civilisation chinoise, devait être familière aux nouveaux colons, et elle leur avait valu sans doute une prééminence marquée sur les autres habitants de la Corée.

Quoi qu'il en soit, on ne trouve, sur le sujet qui nous occupe, aucune garantie de certitude.

1

Que l'art de façonner l'argile en vaisseaux domestiques, puis de les rendre résistants en les calcinant au four, ou plutôt que l'art de les couvrir d'une parure grossière ait été connu des Japonais dès l'an 27 avant l'ère chrétienne, cela est possible; mais il faudrait, avant de l'accepter pour vrai, un témoignage plus convaincant que la simple affirmation d'un chroniqueur indigène, qui, dans l'ignorance de l'origine réelle de cette invention, la ferait remonter à l'époque la plus reculée dont il eût entendu parler.

L'établissement d'une religion nouvelle entraîne invariablement, chez la nation où elle est apportée, des modifications profondes dans les mœurs, les coutumes et les arts; aussi ne serait-il pas déraisonnable de supposer que l'apparition d'une industrie aussi délicate et aussi raffinée que celle de la porcelaine ait coïncidé avec le siècle où un puissant courant d'idées religieuses reliait étroitement la Chine, la Corée et le Japon. En jetant un coup d'œil rapide sur les annales si mal connues de l'ancien Japon, un fait certain s'en détache, c'est l'importation du bouddhisme, qui passa de la Chine en Corée, puis au Japon vers le milieu du sixième siècle. Cette date-là peut sagement servir de point de départ à la fabrication de la porcelaine proprement dite; car, en même temps que le culte nouveau, devaient forcément s'établir beaucoup de prêtres et de savants étrangers, d'hommes plus ou moins instruits pour leur temps et versés eux-mêmes dans la pratique de tout ce qui était alors exigé pour embellir les temples et rehausser l'éclat des cérémonies religieuses. Au commencement du septième siècle le bouddhisme avait des bases solides dans l'archipel japonais, puisqu'à cette époque on n'y comptait pas moins, selon les annales, de 46 temples, de 816 prêtres et de 569 personnes attachées au service religieux.

En conséquence, il est probable que, durant la première moitié du sixième siècle, la communauté de religion avait créé entre la Chine et la Corée des rapports sérieux, plus ou moins directs, et qu'un grand nombre de procédés estimables, accompagnés d'objets fabriqués, avaient été apportés au Japon, procédés relatifs aux arts industriels et en particulier à l'art purement chinois de la céramique.

M. Jacquemart prétend, nous ne savons d'après quelle autorité, que, sous le règne du mikado Ten-tsi (662-672 de l'ère chrétienne), un moine bouddhiste nommé Gio-Gui, dont les ancêtres étaient Coréens, vulgarisa, parmi les habitants de la province d'Idsoumi, le secret de la fabrication des poteries translucides, et que le village où il s'était fixé s'appelait Tô-Ki-Moura (village aux services de porcelaine).

Tout ce qu'on a recueilli sur l'origine et les progrès de la céramique au Japon est peu satisfaisant et dénué de valeur; en pareille matière l'hypothèse ne conduira, suivant nous, qu'à d'insignifiants résultats, même en la fondant sur des motifs sérieux et avec les raisonnements les mieux déduits du monde. Laissant à d'autres, qui ont traité ou traiteront ce sujet, la gloire de trancher à leur aise ces questions obscures, embrouillées et d'un intérêt secondaire, nous prendrons pour point de départ une époque plus rapprochée de la nôtre et durant laquelle les premières productions de la porcelaine artistique vinrent du Japon à la connaissance de l'Europe.

En 1542 un bâtiment portugais fit naufrage, en naviguant du Siam en Chine, sur les côtes du Japon, et l'équipage trouva asile dans la province de Bungo, qui occupe la partie orientale de l'île de Kiou-Siou. Dans les années qui suivirent, les Portugais visitèrent plusieurs fois le pays dans l'intention d'y trafiquer, et il paraît qu'on leur fit un accueil favorable. Vint ensuite la tentative des Jésuites pour convertir, par l'éloquence de saint François-Xavier, le peuple à la religion chrétienne, et l'histoire de cette entreprise, en ce qui concerne les Européens, s'étend jusqu'au début de la colonie hollandaise. D'après Kæmpfer, la première période de ce dernier établissement, depuis l'installation dans la ville d'Hirado et le droit de commercer librement jusqu'à la translation du comptoir à Nangasaki, est comprise entre 1601 et 1641. En outre, il nous apprend qu'à cette époque la situation des Espagnols et des Portugais, qui avaient de vastes magasins à Nangasaki ainsi que des priviléges considérables en certaines branches de commerce, était des plus florissantes. En 1641, toutefois, cette prospérité n'était plus qu'un souvenir : la religion chrétienne avait été presque entièrement supprimée au Japon, et Portugais et Espagnols chassés du pays. Depuis lors les Hollandais furent confinés dans l'îlot de Décima, près Nangasaki, et c'est là qu'ils continuèrent leur trafic avec plus ou moins de restrictions.

Ainsi, par une déduction naturelle des faits que nous venons d'indiquer, c'est vers le milieu du seizième siècle qu'il convient de placer le premier arrivage des produits de la céramique japonaise en Europe, produits isolés cependant, qu'apportaient les bâtiments qui allaient et venaient entre le Portugal et le Japon et à bord desquels prêtres et missionnaires catholiques prenaient passage. Que de nombreux spécimens de la fabrication artistique aient dès cette époque été répandus de la sorte en Occident, il n'y a point lieu d'en douter; malheureusement nous n'avons aucun moyen de distinguer les œuvres d'alors de celles des périodes postérieures.

Comme nous l'avons déjà dit, les Portugais finirent par être expulsés du Japon avant 1641 ; cela admis, il faut, après cette date, se tourner vers les Hollandais, qui seuls entretinrent des rapports directs avec ce pays, et l'on peut naturellement supposer que leurs grands envois des productions japonaises de toutes sortes eurent lieu entre 1641 et la fin du dix-septième siècle. A propos du commerce hollandais de cette période, Kæmpfer rapporte que l'exportation comprenait par an une centaine de caisses environ de porcelaines, et, un peu plus loin, il dit qu'au nombre des cadeaux faits par l'empereur et les ministres au directeur du comptoir hollandais lors de sa visite annuelle à la cour, il y avait des objets en porcelaine. Tout cela, sans nul doute, passa dans les Pays-Bas et de là fut dispersé dans toute l'Europe.

Voilà donc la période qui, à notre avis, offre la base la plus satisfaisante pour cette esquisse et la seule qui corresponde à nos modèles de la céramique japonaise.

Si notre attention se reporte vers l'Occident, les dates que nous avons choisies s'accordent en substance avec le temps où parut en Europe la plus importante collection de porcelaines du Japon, celle qui a été conservée à Dresde : en effet, M. Græsse, directeur de la Galerie royale des porcelaines, nous apprend que les éléments en furent formés par Auguste II, roi de Pologne et électeur de Saxe, depuis 1698 jusqu'en 1724, dans le but de décorer les salles de réception et de festin de ce qu'on appelait *le Palais japonais*.

Il n'est point douteux que la porcelaine artistique ait été surtout introduite par les Hollandais, qui la recevaient directement de leur comptoir de Décima ; mais il y a certaines pièces dues à l'intermédiaire des Portugais et d'une époque antérieure. Les plus vieux vases, ceux qui sont ornementés en touches de relief, ont dû probablement être apportés du Japon par le canal des missionnaires jésuites, qui eurent, pour un temps, accès dans l'intérieur de l'empire. Selon la communication d'un savant commissaire japonais à l'Exposition universelle de 1873 à Vienne, un potier du Fizen, nommé Tomimoura-Kaniémon, fabriquait, il y a environ deux siècles, des porcelaines *vieux Japon* et les vendait aux marchands étrangers au mépris des lois en vigueur ; la fraude ayant été découverte, il fut condamné au supplice du *hari-kari*, c'est-à-dire à s'ouvrir le ventre.

La plus grande partie des porcelaines conservées à Dresde appartient à ce qu'on appelle *vieux Japon*, et, comme elles sont d'une rare excellence sous le double rapport du décor et de la qualité, il doit s'en trouver dans le nombre qui sortent des ateliers de l'infortuné Tomimoura. Nangasaki est la ville où fleurit jusqu'en 1639 le commerce portugais et où fut installée après 1641 la factorerie hollandaise de Décima ; l'un des principaux ports de la province de Fizen, c'était le lieu d'embarquement probable des marchandises de Tomimoura.

Toutes les pièces désignées sous le nom de *vieux Japon*, surtout la belle porcelaine blanche, richement décorée de fleurs et d'oiseaux en bleu, rouge et or, et parfois rehaussée de noir, ont été faites dans le Fizen. Kæmpfer, lorsqu'il parle de l'exportation annuelle des porcelaines japonaises, n'entre à ce sujet dans aucun détail ; on peut néanmoins admettre que celles qui figuraient parmi les présents du *mikado* et des grands de sa cour étaient de qualité supérieure. Beaucoup de ces dernières pièces se rencontrent sans doute dans la galerie de Dresde, tandis que le reste, y compris les contrefaçons de Tomimoura, a dû composer la masse des envois ordinaires du comptoir de Décima.

De grandes quantités de vieux Japon, ou de ce qu'on pourrait plus exactement nommer *vieux Fizen*, ont été sans contredit introduits en Europe dans la première moitié du dix-huitième siècle ; et, sans parler de la Galerie royale de Dresde, il en reste encore beaucoup dans les anciennes familles et chez les collectionneurs. Nous savons par M. Græsse que la galerie de Dresde a été dans l'origine bien plus riche et qu'elle a été réduite par la vente des doubles. Ces doubles ont sans doute été acquis par d'opulents amateurs, qui les ont transmis à leurs héritiers comme des bijoux de famille, ou ils ont passé entre les mains des marchands qui les ont dispersés dans les grandes villes de l'Europe.

La province de Fizen paraît avoir de tous temps produit les meilleures porcelaines du Japon, et cela est d'autant plus facile à comprendre qu'elle produit aussi, en abondance et d'une qualité parfaite, les matériaux qui entrent dans leur fabrication. C'est surtout des flancs de l'Idsoumi-Yama (mont aux Sources), situé dans le voisinage d'Arita, qu'on extrait la roche kaolinique ou pétro-siliceuse. M. Hoffmann mentionne dix-huit grandes usines qui s'étagent sur les pentes de la montagne et dont nous rapporterons les noms quand nous traiterons plus spécialement de la porcelaine du Fizen. Les produits de ces nombreuses usines s'écoulent d'ordinaire par le port d'Imari, et en général on les désigne sous ce dernier nom. Le Fizen fabrique tous les genres : bleu, versicolore, laqué, céladon, certaines poteries de grès, et probablement son activité dépasse celle de tout autre district à porcelaine de l'empire. Tout récemment les commandes venues d'Europe ont imprimé à cette activité un essor considérable, et des porcelaines communes, aux tons criards, qu'on pensait devoir flatter le goût de l'étranger, ont été expédiées sur les navires en partance de Nangasaki, dont elles ont pris le nom. C'est là assurément ce qui est sorti de plus détestable des ateliers du Fizen comme forme et comme style, et c'est absolument au-dessous de toute valeur artistique.

Après la province de Fizen celle d'Owari possède les plus importantes usines; elle fabrique toutes les variétés de porcelaine et quelques espèces de faïence. Certaines pièces de sa porcelaine blanche et bleue sont de la plus rare beauté, et la qualité de pâte, quoique plus molle en apparence que celle du Fizen, en est fine et translucide. Il est singulier toutefois que, malgré la prééminence du Fizen sur les districts à poteries, Owari ait donné le nom sous lequel on connaît au Japon tous les produits de l'art du potier. Selon M. Hepburn (*Japanese and English Dictionary*; Chang-Haï, 1872), *seto-mono,* le mot qui signifie porcelaine, poterie et par extension toute la vaisselle, est tiré d'une localité d'Owari, appelé *Seto,* centre de cette industrie ; *mono* signifie objets ou articles.

De fréquents entretiens avec des Japonais instruits ainsi qu'un examen personnel des plus vieilles pièces conservées dans les cabinets publics et privés nous ont confirmé dans l'opinion que les premières poteries ont été établies à Kioto, opinion d'autant plus probable que cette ville fut, pendant des siècles, le principal foyer des beaux-arts et le théâtre des plus solennelles manifestations de la religion et de la royauté. Là résidait l'empereur, toujours invisible au fond de sa prison dorée, au milieu de ses puissants feudataires qui rivalisaient à l'envi d'élégance et de somptuosité. C'était pour eux que les artistes en laque créaient ces coffres et ces cabinets, chefs-d'œuvre de goût qui n'ont jamais été surpassés; que les sculpteurs taillaient dans l'ivoire ces figurines bouffonnes et grotesques, qui laissent bien en arrière ce que l'ancien monde a produit de mieux en ce genre ; que les ouvriers en métaux travaillaient un alliage de bronze artistique qui devint plus recherché que l'or; c'était pour eux que les temples déployaient toute la magnificence des danses religieuses et que chantaient les poëtes inspirés. Peut-on croire un seul instant que pour eux aussi ne s'allumait pas le four à porcelaine et ne tournait pas la roue du potier? cela n'est pas admissible; car, tandis que les usines de Fizen et d'Owari fabriquaient leurs produits accoutumés, les artistes de Kioto pétrissaient l'argile de mille manières et y jetaient ces ébauches si rares qu'à peine en avons-nous vu quelques-unes et qui n'existent pas seulement dans notre imagination.

Kæmpfer s'exprime ainsi au sujet de Kioto en 1690 : « Miako [1] est le grand entrepôt de « toutes les fabriques et marchandises du Japon, en même temps que la principale cité « marchande de l'empire. A peine trouverait-on dans cette vaste capitale une maison où il

---

[1] Miako était en ce temps-là le nom vulgaire de la résidence impériale; mais, depuis que la cour s'est transportée à Yédo, cette ville est officiellement appelée *Kioto.*

« n'y ait quelque chose à acheter ou à vendre. Là on raffine le cuivre, on frappe la
« monnaie, on imprime les livres, on tisse les riches étoffes à ramages d'or et d'argent. Les
« meilleures et les plus rares médailles, les sculptures d'art, toutes sortes d'instruments de
« musique, les peintures, les cabinets en laque, mille objets fabriqués en or et autres
« matières, surtout en acier, comme les sabres finement trempés et autres armes, tout cela
« y est fait au plus haut degré de perfection; il en est de même des costumes d'apparat et à la
« dernière mode, de toutes espèces de jouets, de poupées à tête mobile et d'une quantité
« d'autres choses trop nombreuses pour en faire mention. En somme, on ne saurait rien
« imaginer qui ne puisse être rencontré à Miako, et rien d'artistement travaillé à l'étranger
« qui n'y soit imité. Cela connu, il n'est pas surprenant que les ateliers de Miako soient
« devenus fameux dans tout l'empire jusqu'à être préférés à tout le reste, malgré leur
« infériorité en certains cas, pour cette unique raison que ce qui en sort a été fabriqué à
« Kio. On voit dans toutes les grandes rues peu de maisons où l'on ne fasse pas le com-
« merce, et pour ma part je ne saurais m'empêcher d'admirer comment il peut y avoir tant
« d'acheteurs pour cette immense quantité de marchandises. A la vérité, bien peu de gens
« passent à Miako sans faire emplette d'un des objets qu'on y fabrique, soit pour leur usage,
« soit pour les donner à leurs parents et amis. »

Des quantités considérables de porcelaine et de faïence ont, dans ces dernières années,
été faites à Kioto, et toutes ont, plus ou moins, un caractère essentiellement artistique; et
l'on ne peut mettre en doute que l'art du potier n'y ait été connu et pratiqué d'ancienne
date, sinon même avant de l'avoir été dans toute autre localité du pays. Nous avons, dans
le cours de nos recherches, rencontré beaucoup de pièces en porcelaine et en faïence, qui,
outre des preuves d'un travail très-ancien, présentaient, au point de vue de l'art, des particularités uniques, indices de l'école qui florissait probablement à Kioto dans un temps très-
éloigné. Le silence absolu des annalistes japonais nous empêche de donner sur ce sujet plus
qu'une simple indication, avec la réserve toutefois que la certitude est acquise dans notre esprit.

Les ateliers de Kioto, petits et multipliés, devaient offrir un contraste frappant avec l'in-
cessante et vaste fabrication de ceux du Fizen. En revanche, les ouvriers de Kioto devaient
être tous des artistes de premier ordre, sans cesse prêts à créer, selon le désir ou le caprice
du jour, des pièces rares ou uniques, des objets de goût et de luxe; à y peindre les traits des
poëtes célèbres et des *kamis* plongés en extase, ou les scènes empruntées aux divertissements
de la cour et du théâtre, enfin, à rivaliser à l'envi, dans leurs merveilleux décors, de ferti-
lité d'invention et d'habileté de main. Kæmpfer témoigne de l'épanouissement des arts dans
la capitale du *mikado*, et il n'en pouvait être autrement en ces temps prospères. Aujourd'hui
l'on fabrique à Kioto plusieurs sortes de porcelaine et de faïence; nous en ferons plus loin
une description spéciale.

Au nord-est de Kioto se trouve la province de Kaga, longtemps renommée pour ses porcelaines richement décorées de tons rouge et or; elle en fournit amplement les marchés de
l'intérieur et il s'en fait une grande exportation à Yokohama. Aucun modèle de cette marque ne figure dans la galerie de Dresde non plus que dans les vieilles collections de l'Occi-

dent, de sorte qu'il est assez embarrassant de savoir à quelle époque la fabrication a commencé dans la province. Parmi les voyageurs anciens aucun ne fait de Kaga une mention particulière, bien qu'il n'y ait pas à s'étonner beaucoup de leur silence en voyant à quelle distance Kaga se trouve des routes fréquentées par les Européens. Kæmpfer rapporte que la province d'Itsiou produit une espèce de faïence, mais sans plus de détail. Itsiou est limitrophe de Kaga à l'est, et l'allusion a probablement trait aux poteries qui, de son temps, peuvent s'être étendues jusqu'au Kaga ou avoir été transférées dans une localité plus convenable de la province et s'y être développées sous la protection des riches et puissants princes de Kaga. Nous n'avons jamais entendu dire qu'il y eût à présent des poteries dans l'Itsiou [1], tandis que celles de Kaga sont très-renommées au Japon et leurs belles pièces tenues en haute estime dans les collections de l'Europe.

Cette porcelaine était à peu près inconnue en Occident avant l'Exposition universelle de 1867 ; on en vit alors de nombreux modèles, dont les fonds brillants rouge, or et blanc mat, tranchant avec le noir poli des cabinets et des tablettes en laque, attiraient l'attention des connaisseurs. Sans contredit les plus belles pièces de ce qu'on nomme à présent *porcelaines de l'époque moyenne* ont paru en Europe en cette circonstance, et plusieurs d'entre elles ont trouvé place dans les planches de cet ouvrage.

Arrivons maintenant à une autre province qui, dans les deux derniers siècles, a produit des œuvres d'une valeur et d'un intérêt exceptionnels : nous voulons parler du Satsuma. Située dans la partie sud-ouest de l'île de Kiou-Siou, elle est séparée de la province de Fizen par un bras de mer et confine, sur terre, aux provinces d'Higo et de Tsikougo, étrangères l'une et l'autre à l'industrie céramique. A quelle date remonte l'établissement des poteries du Satsuma ? Nous sommes à cet égard dans la même ignorance que vis-à-vis de celles du Kaga. Cependant nous n'admettrions pas qu'elles fussent de beaucoup antérieures aux usines du Fizen. Qu'il y ait du *vieux Satsuma*, c'est indiscutable, et certains ouvrages attestent même une respectable ancienneté ; mais les ouvrages de choix envoyés en Europe semblent ne pas remonter plus haut que la fin du dernier siècle et les premières années du nôtre, avant que les traditions nationales eussent été renversées par l'introduction des filatures de coton et la libérale protection accordée par le prince de Satsuma à l'industrie et au commerce de l'Occident.

La réputation des usines du Satsuma leur vient d'une faïence à grain serré et à fine teinte laiteuse, couverte d'un vernis mou plus ou moins craquelé ; quant à la porcelaine, elle s'y fabrique, dit-on, en petite quantité. Nous penchons à croire que la porcelaine est envoyée du Fizen au Satsuma pour y être décorée dans le style particulier aux artistes de cette province.

Plusieurs variétés de céramique viennent des îles Awadji, situées au nord-est de Sikok, dans la mer intérieure, ou plus exactement entre les détroits d'Harima et d'Isoumi. Le nom d'*articles d'Awadji* se donne vulgairement à une belle faïence de nuance laiteuse, dure de

---

[1] Cette province est indiquée sur les cartes anglaises et étrangères du Japon sous le nom d'Yetsi-tsiou et se trouve au nord du Kaga.

pâte et vernissée de couleurs vives, telles qu'orange, jaune, vert et pourpre, ou truitée de diverses manières à l'instar probablement des porcelaines chinoises de ce genre. La poterie de couleur a été exportée en grandes quantités en Europe, et tout ce que nous en avons vu est élégant de forme, bien fait ou plutôt, suivant l'expression technique, bien *potéyé* et riche de ton. A l'Exposition universelle de 1873, à Vienne, on voyait de beaux spécimens de l'industrie d'Awadji, lesquels avaient un grand air de parenté avec les faïences du Satsuma et d'Awata [1], non-seulement pour la couleur et la pâte, mais aussi pour le décor. En ce qui concerne Awata, cette ressemblance n'a pas lieu de surprendre puisqu'Awadji est très-voisin d'Osacca et par là en communications faciles avec Kioto.

Près d'Osacca est un des ports récemment ouverts aux étrangers, Hiogo, d'où il est venu des pièces de céladon, surtout sous la forme de groupes et de figurines. Il est très-probable qu'il existe de nombreuses fabriques dans la province de Setsou, dont Hiogo fait partie; mais nous avons des motifs de croire qu'elles produisent seulement une poterie de grès vernissée, qui, sauf pour les figures, n'offre aucun aliment à l'exportation.

La province d'Isi, qui touche à celle d'Owari au sud-ouest et à une distance de 56 kilomètres sud-est de Kioto, fabrique des porcelaines qui diffèrent matériellement des produits similaires du pays. Des variétés les mieux connues, l'une est d'un brun grisâtre, vernissée et chargée de fleurs, de fruits et d'autres ornements, travaillée sur un émail dru, opaque et d'un brillant coloris; l'autre est une poterie de grès, très-dure et réduite, probablement par suite d'une longue manipulation, en feuilles très-minces. Ce dernier article est venu sur les marchés de l'Europe sous forme de théières, de modèles variés et portant, la plupart, des estampilles ou des cachets et devises imprimés; nous en possédons toutefois plusieurs rehaussés de sobres motifs sur émail opaque. On nomme ces produits *banko*, mot qui signifie éternel ou, pris à la lettre, « dix fois séculaire » (*ban*, dix mille; *ko*, âgé).

On n'est pas suffisamment renseigné sur la porcelaine et les poteries de Tokio (Yédo), et parmi les nombreux envois qui viennent ostensiblement de cette vaste et active capitale il n'est pas facile de distinguer ceux qui y ont été fabriqués de toutes pièces. Nous savons que la porcelaine et la faïence sont expédiées à Tokio des centres producteurs de plusieurs îles afin d'y recevoir le décor de la main d'artistes à bon droit renommés. D'après les notes qu'a prises le professeur Archer à l'Exposition universelle de Vienne, les peintres en porcelaine sont, paraît-il, en si grand nombre en cette ville, et leur mérite est si largement reconnu — jusqu'à prétendre former une *école* — qu'ils sont réunis sous le nom général de *Société des peintres en porcelaine de Tokio*.

Ce que nous venons de dire de l'envoi à Tokio des marchandises destinées à la décoration embarrasse notre travail d'une difficulté de plus, en rendant presque impossible tout essai de classification méthodique. Aussi nous sommes-nous bornés, dans le présent ouvrage, à grouper simplement les articles sous les titres qui désignent les poteries, sans nous occuper des ateliers où ils ont été décorés.

---

[1] Awata est un district de Kioto, où l'on fait beaucoup de poteries.

Les peintres de Tokio sont d'une habileté remarquable, et beaucoup de leurs compositions se distinguent par une rare indépendance et un vif sentiment de l'art. Dans l'ornement pur, ils forment une école à part, et leurs travaux sont marqués d'une touche si originale, qu'il est aisé d'en reconnaître l'origine.

Après avoir passé en revue les principales localités du Japon consacrées à l'industrie de la céramique, et sur lesquelles nous reviendrons, du reste, dans les légendes explicatives des planches en couleur, il ne paraîtra pas superflu de tracer une esquisse des procédés de fabrication en usage dans le Fizen, d'après les indications fournies par le traité spécial qu'a traduit le docteur Hoffmann.

La matière première qui sert à faire la pâte est extraite de l'Idsoumi-yama en blocs résistants et solides, que les marteaux et bocards réduisent en poudre impalpable. Ceux-ci sont mis en mouvement soit par des ouvriers qui manœuvrent les leviers des pilons, soit par un arbre tournant muni de chevilles çà et là, qui fonctionne au moyen d'une roue hydraulique. Lorsqu'on a fini de pulvériser, la *terre dure,* ainsi qu'on nomme la silice, est extraite des mortiers et mélangée avec une quantité déterminée de *terre molle* ou kaolin; puis on la met tremper dans des cuves pleines d'eau, en ayant soin de remuer fréquemment, afin de parfaire le mélange. Après cela, on filtre la masse liquide à travers des bannettes en jonc dans de nouveaux réservoirs, où on laisse déposer. Les parcelles cailouteuses, étant les plus lourdes, tombent au fond les premières, et les autres s'affaissent par degrés, en raison de leur densité, jusqu'à ce que l'eau redevienne parfaitement claire. Alors on vide le réservoir et on effectue le triage de la pâte, en réservant les couches de dessus pour la porcelaine fine et celles du milieu pour l'ordinaire; quant au dépôt, on le jette comme inutile. La pâte est ensuite séchée et pétrie avec de l'eau fraîche (très-probablement foulée aux pieds dans des auges peu profondes), jusqu'à ce qu'elle soit en état d'être livrée aux tourneurs et modeleurs.

Le tour à potier, en usage au Japon, paraît être une invention tout à fait primitive : il consiste en deux disques horizontaux, reliés l'un à l'autre par un axe vertical, dont le pied se meut dans un appui fixe. Le disque d'en bas, d'un mètre de diamètre environ, rase presque le sol; celui d'en haut, beaucoup plus petit, s'emmanche au bout de l'axe, comme une espèce de plateau tournant. L'axe, en outre, est maintenu par le coussinet d'un tourillon, qui supporte le disque supérieur. L'ouvrier s'assied devant cette machine peu compliquée, et, en manœuvrant adroitement le plateau d'en bas avec ses pieds, il imprime un mouvement rapide au plateau mobile. Pour l'ébauchage d'une pièce, il prend une masse humide de pâte céramique et la place sur la tête du tour, où elle adhère fortement; puis, à l'aide des pouces et des autres doigts, il lui donne en peu de temps la forme qu'il veut lui faire prendre.

Cette opération est des plus importantes, et la réussite de la pièce en dépend; aussi y déploie-t-on une habileté extrême, et c'est à l'humble artisan qu'on doit le galbe délicat et pur qui ajoute un si haut prix à la poterie de luxe. La pièce une fois ébauchée et mise à l'ombre pour acquérir de la consistance, un autre ouvrier la replace sur la girelle du tour et la façonne, par dedans et par dehors, jusqu'à ce qu'elle ait atteint le degré de perfection nécessaire; après quoi, l'on y ajuste, avec de la *barbotine* (bouillie claire de pâte à porcelaine), les anses ou ornements en saillie, qui ont été moulés et finis à part. On la sèche ensuite lentement à l'ombre ou à couvert, et elle est prête pour la première cuisson.

Les fours sont chauffés au bois, ce qui exige une surveillance constante, de jour et de nuit, afin de maintenir la température au degré convenable. On y installe chaque pièce avant de les allumer, et, la cuisson terminée, on l'y laisse refroidir. Puis on la baigne avec de l'eau fraîche, on l'essuie avec un linge de coton et elle est remise au décorateur. La peinture achevée (en tant qu'il s'agit de la porcelaine décorée de bleu), les pièces reçoivent une couverte de vernis, et l'on procède à la seconde cuisson. Les fours où elle est faite sont habituellement de grandes dimensions et construits par groupes sur des plateaux élevés. Six fours réunis doivent couvrir une superficie d'environ soixante mètres, et ils sont aménagés de façon que la chaleur puisse se communiquer des uns aux autres. Chacun d'eux n'en a pas moins son feu allumé, qui est entretenu assidûment avec du bois durant cent vingt heures de suite, jour et nuit. Les pièces en porcelaine sont posées dans le four sur des bâtis en terre à potier et maintenues d'aplomb, si elles sont considérables, au moyen de plusieurs petits cônes d'argile, qui laissent aux objets, après avoir été brisés, ces empreintes particulières à la porcelaine du Japon. En sortant de la grande cuisson, les pièces sont lavées une seconde fois, et l'on n'y touche plus. La série des opérations nécessaires depuis la préparation de la pâte jusqu'à la dernière mise en feu est, à ce qu'on prétend, si étendue, que chaque pièce exige une main-d'œuvre de soixante-douze personnes différentes.

Quant au décor en émaux de couleur et or, on l'exécute après la seconde cuisson et la couverte, et il est fixé dans de petits fours à température relativement basse.

Les procédés de la peinture en bleu et en émaux de couleur sont sans doute les mêmes qu'en Chine et ressemblent, quant aux points essentiels, à ceux qu'ont adoptés les céramistes de l'Europe. Le bleu, tiré du cobalt, est, à vrai dire, une couche étendue après le premier feu et avant d'appliquer la couverte, couche presque noire en ce moment et qui ne tourne au bleu que sous l'action puissante du grand feu. Le Japon fabrique en porcelaine blanche et bleue plusieurs variétés qui, dans certains cas, diffèrent beaucoup entre elles pour le ton et l'exécution, tandis qu'en d'autres elles se rapprochent tellement d'un type uniforme, qu'il y a peu d'espoir d'en faire un classement selon les particularités qui les distinguent. La porcelaine bleue, cependant, porte ordinairement des marques qui nous ont servi de points de repère; elles fournissent peu d'éclaircissements, car il est très-rare qu'elles mentionnent les pays de provenance, sinon par ces mots fréquents : « Grand Japon », et quelquefois par le nom du fabricant; mais, sitôt relevées sur des échantillons bien authentiques, ces indications servent ensuite à remonter aux ateliers d'où elles viennent.

Les trois localités du Japon qui produisent la meilleure porcelaine blanche et bleue sont celles d'Arita, de Seto et de Kioto, dans les provinces de Fizen, d'Owari et d'Yamasiro. A Arita, l'on fabrique souvent de grandes et importantes pièces; par exemple, la section japonaise de l'Exposition de Vienne contenait plusieurs envois de ses ateliers, tels que vases et lampes d'autel, d'un à deux mètres de hauteur, et parfaitement homogènes. Les Japonais paraissent mettre le bleu d'Arita au-dessus de celui de Seto; il est, en effet, plus riche en couleur; mais, par expérience, les produits de Seto nous semblent préférables à cause de leur fini et de leur extrême délicatesse. La plaque de la planche XLV, fabriquée à Seto par Kawamoto Chokitchi, le principal manufacturier du district, est une preuve éclatante du talent des potiers et des peintres d'Owari, et laisse bien loin en arrière, selon nous, toute œuvre du même genre fabriquée ailleurs.

Le décor floral des belles pièces d'Owari est dessiné et ombré avec une netteté et une finesse presque égales à l'exactitude des planches de botanique; on n'a jamais atteint, dans le domaine de la porcelaine blanche et bleue, un tel degré de perfection. Nous en avons sous les yeux un exemple frappant sous la forme d'un grand chandelier qui figurait à l'Exposition de Vienne.

Proportions gardées, il vient en Europe peu d'articles de Kioto, et, si nous n'avions vu à Vienne des envois authentiques de la cité impériale, c'est à peine si nous nous serions crus autorisés à parler de sa fabrication. Il n'est pas toutefois téméraire d'affirmer que, partout où l'on fait de la porcelaine en Orient, elle sera, de manière ou d'autre, décorée de bleu. Les articles de Kioto ont toujours eu, à ce qu'il semble, les préférences du public japonais. Il en était déjà ainsi du temps de Kæmpfer, et les amateurs d'aujourd'hui partagent ce goût, si l'on en juge d'après les emplettes qui ont été faites à l'Exposition de Vienne. Nos propres acquisitions sont assurément de qualité supérieure; le bleu en est franc, riche de teinte et travaillé avec art, mais elles coûtent quatre fois autant, à prix égal, que des articles correspondants venus d'Arita ou de Seto. De ce que nous avons vu et des informations recueillies il résulte que les décorateurs de Kioto, loin de viser à l'extrême fini de leurs confrères d'Owari, recherchent l'expression et l'effet par tous les artifices du dessin plutôt que le rendu des détails.

L'ancienne porcelaine blanche et bleue du Japon, qui remplaça probablement la porcelaine bleue, rouge et or, ou *Vieux Japon,* n'est pas du tout aussi abondante qu'on serait tenté de le croire. Au musée de Dresde, il y a relativement bien peu de pièces dont, avec quelque certitude, on pourrait affirmer l'origine japonaise. Dans les derniers remaniements tous les objets ont été déplacés, et, comme ils ne se trouvent plus dans les salles qui les avaient reçus autrefois et dont l'inventaire était exact, la difficulté de distinguer les provenances de Chine de celles du Japon, du moins en fait de porcelaine bleue, devient considérable. En Hollande, ces articles existent en grande quantité; ils y sont très-goûtés, comme en témoignent les faïences de Delft, auxquelles ils ont servi de modèles. En Angleterre, on peut voir plusieurs beaux échantillons de cette porcelaine à Hampton-Court, apportés des Pays-Bas par Guillaume d'Orange, qui sans doute les a fait installer dans ce palais, l'une de ses résidences favorites.

L'ancienne porcelaine du Japon a tant d'analogie, pour le ton et la qualité, avec celle de la Chine, ou soi-disant de Nankin de la même époque, qu'il n'est pas commode de les caractériser; la décoration est, en cela, le meilleur guide à suivre, bien qu'il ne faille pas y ajouter une confiance absolue. Un genre de porcelaine bleue et blanche, grandement apprécié et recherché de nos jours, c'est celui que les collectionneurs désignent sous le nom de *modèle à l'aubépine;* il n'a pas encore été attribué d'une manière positive soit à la Chine, soit au Japon. Certaines personnes se sont nettement prononcées en faveur de l'origine chinoise, mais leur décision n'a pas plus de poids que la prétention d'appeler aubépine la fleur de ce décor. L'ornementation de cette espèce de produits consiste uniquement en fleurs blanches sur fond moiré bleu; ces fleurs, qui ressemblent, en effet, à notre aubépine, appartiennent au *moumi* japonais, l'emblème du printemps, de la jeunesse et de la santé; toute la porcelaine qui en contient doit venir, pensons-nous, du Japon, et elle a passé en Europe à une date déjà ancienne [1]. Deux belles potiches à couvercle figurent au musée de Dresde, où on les donne pour japonaises. Cette porcelaine au *moumi* est devenue très-rare, et elle atteint sur le marché des prix élevés.

La porcelaine peinte ou à émaux coloriés se fait dans toutes les localités céramiques du Japon; mais c'est au Fizen que sont situées les plus vastes fabriques et où, par conséquent, la production est la plus active. On incruste toujours les émaux de couleur et les métaux nécessaires après la cuisson finale, c'est-à-dire sur la couverte. Dans quelques cas, paraît-il, les peintres, tout à fait indépendants des ateliers d'ébauchage et de cuisson, travaillent chez eux et disposent, séparément ou en commun, de petits fours où, à une température assez basse, les émaux, rendus malléables, sont fixés. La peinture sur porcelaine doit être pour le Fizen une branche d'industrie des plus considérables, car c'est au port de Nagasaki, situé dans cette province, qu'a lieu chaque année le chargement des milliers de commandes à destination de l'Occident. Ces objets consistent en vases de toutes dimensions, garnitures de toilette, services à thé, potiches à couvercle, assiettes, boîtes, etc., le tout, en général, peint avec soin, mais sommairement, en couleurs quelque peu crues de ton, parmi lesquelles un rouge criard, un bleu fade et un vert léger sont les plus communes. C'est, on le comprend sans peine, à la demande d'articles à bon marché adressée par les marchands européens qu'est due la fabrication, dans les usines du Fizen, de cette porcelaine vulgaire et sans traditions qu'on nomme aujourd'hui *porcelaine moderne de Nagasaki*. Sans parler du superbe *Vieux Japon*, le Fizen a produit et produit encore à présent de la porcelaine peinte et émaillée, d'une beauté réelle et d'une exquise qualité. Il y en a, entre autres, une espèce, craquelée, à teinte grisâtre, portant habituellement des fleurs qui témoignent, dans l'arrangement et le coloris, autant de goût que d'habileté, ainsi qu'une seconde, en coquille d'œuf, diversement décorée. La coquille d'œuf du Fizen est très-estimée au Japon et envoyée en blanc à Tokio pour y être peinte par les artistes renommés de cette ville. Quelques magnifiques spécimens de ce dernier genre font l'ornement de plusieurs collections particulières de l'Europe.

Les émaux en usage au Fizen ont quelquefois une épaisseur considérable; ils se détachent en haut relief et donnent à la pâte des reflets chatoyants. L'émail rouge proprement dit s'applique jusqu'en pleine épaisseur et prend, une fois fixé, l'aspect de la cire à cacheter; un autre, rouge aussi, ou plutôt orange fauve, pénètre si avant, qu'il a l'air d'une teinture; cette nuance-là est très-choquante et prête aux articles de pacotille modernes, sur lesquels on la prodigue, un cachet de vulgarité sans pareille. Les émaux rouges dont se servent les artistes de Kioto et de Kaga sont infiniment supérieurs à ceux du Fizen, tandis que ceux d'Owari se rapprochent beaucoup de ces derniers et manquent tout à fait d'élégance.

[1] *Voyez* Fabrique de Fizen, p. 25.

Le rouge du vieux Kaga est riche et plein tout ensemble; il ne ressemble ni à une teinture ni à un vernis opaque et luisant de cire à cacheter. Celui de Kioto, tel qu'on le voit sur les pièces fameuses d'Yéi-Rakou, n'est pas moins pur et brillant; on peut l'appliquer en couches profondes sans qu'il perde rien de son intensité. Les émaux rouges de Kioto et de Kaga sont particulièrement rehaussés d'or. En général, la dorure des articles japonais est de qualité très-inférieure, si on la compare à celle des Européens, défaut qui paraît tenir à l'insuffisance du mordant ou de la cuisson. En des cas nombreux, l'or que nous avons examiné était appliqué avec un enduit quelconque et séché naturellement, sans passer au feu. Nous venons de dire que les émaux de Kioto et de Kaga sont rehaussés d'or; ajoutons que cet or nous semble extrait d'un métal de bas titre, car, en l'exposant à l'air, il se ternit sensiblement et ne brille derechef qu'après avoir été frotté.

On fabrique dans Owari beaucoup de porcelaine à émaux, mais, autant que nous sachions, elle n'offre rien de particulier; elle a de la parenté avec le plus pur Fizen et trahit quelquefois le plagiat des œuvres de Kioto.

Sans contredit, il faut mettre au premier rang des produits de l'art céramique au Japon les nombreuses variétés de faïence peinte et émaillée qui proviennent de Kioto, de Kaga, du Satsouma et d'Awadji. Une faïence fine est, on le sait, mieux préparée à recevoir les émaux de couleur que la surface dure et polie de la porcelaine; de plus, les nuances délicates des pâtes, couvertes, comme elles le sont presque toutes, d'un vernis non craquelé, ajoutent un grand charme à la décoration peinte; ceci se remarque notamment sur les articles de Kioto, du Satsouma et d'Awadji.

Dans beaucoup d'ouvrages faits à Kioto, les émaux sont plaqués par masses et de manière à couvrir presque entièrement le fond; dans d'autres, les couleurs, mêlées à un véhicule abondant, forment relief sur la couverte et, fondues avec une exquise délicatesse, reproduisent des scènes à figures et des motifs floraux.

Les fabriques du Satsouma, d'Awadji et de Tokio font servir indifféremment les émaux à la peinture plate ou rehaussée, selon le caprice des artistes; très-souvent les deux genres sont communs à la même pièce : par exemple, les fleurs sont empâtées d'émail et les feuilles à peine nuancées ou dorées.

Le décor de la céramique japonaise est toujours caractéristique; aussi n'est-il pas difficile à quiconque en a fait une étude sérieuse de distinguer la porcelaine du Japon d'avec celle de la Chine. La seule difficulté réelle de se prononcer entre elles n'existe que pour les modèles anciens, et en particulier pour les camaïeux bleus, qui ont souvent, chez l'un et l'autre peuple, de grands points de ressemblance. La pâte en est d'une qualité égale et d'une régularité uniforme, sans aucun signe distinctif. Les Japonais ont été, croyons-nous, tout aussi habiles que les Chinois à préparer ou à façonner les argiles à porcelaine; de nos jours, ils ont surpassé leurs rivaux dans les plus hautes branches de l'industrie céramique.

Les motifs les plus fréquents du décor japonais sont, parmi les végétaux, le chrysanthème, la pivoine, le wisteria et l'iris d'une part, le *moumi*, le sapin, le paulownia impérial et l'universel bambou de l'autre; dans la fable, le dragon, la tortue à queue, le *kirin* et le *ho-ho*;

et, parmi les animaux, le cheval, le lion de fantaisie, la cigogne, le faucon, le paon, le faisan, la carpe et plusieurs autres poissons, des insectes en grand nombre. Nous avons exposé en détail dans l'*Introduction* la façon d'interpréter ces divers motifs, ce qui nous dispense de revenir là-dessus. Les sujets à figures sont très-communs sur la porcelaine japonaise et si distincts chaque fois, qu'ils portent avec eux la marque concluante de leur nationalité; l'on en peut dire autant des paysages ainsi que des armoiries qui concourent à l'ornementation des pièces.

Quant à la faïence, il n'y a absolument aucun embarras à démêler la provenance de toutes ses variétés, car nous ne savons pas de nation orientale qui produise rien de comparable. Certes, il se peut que la Corée fabrique des produits similaires; et, selon toute probabilité, l'on y fera, lorsqu'elle sera devenue entièrement accessible au commerce, des trouvailles intéressantes.

A toutes les époques, les Japonais ont fait servir la faïence et la porcelaine à des compositions de styles variés, exécutées avec des matériaux qui semblaient s'exclure mutuellement. En première ligne se présente la laque, gomme-résine qui coule du *rhus vernix,* ou vernis du Japon, nommé par les indigènes *ourouchi-no-ki.* On la prépare avec de minutieuses précautions et on la colore de divers pigments, dont les plus communs sont le noir, le rouge et le vert sombre. Lorsqu'une pièce doit être décorée en laque, l'artiste procède de l'une des manières que nous allons décrire. La revêt-il de partout en se contentant de passer le fond au vernis, il y applique des ornements variés en or et couleur; c'est un mode auquel on a souvent recours et dont les grandes potiches à col évasé, fabriquées au Fizen et exportées à Nagasaki, offrent des modèles. Si, au contraire, il laque le dehors seulement en négligeant l'intérieur, il applique d'ordinaire un décor en bleu ou émaillé aux parties intactes, ainsi que c'est l'usage pour les tasses, soucoupes, assiettes, boîtes, etc.; ou bien encore, dans ce dernier cas, il laque par places, sans toucher aux médaillons et aux réserves d'arabesques préparés et décorés d'avance par le peintre, et il dispose ses reliefs de façon à produire avec l'ensemble une combinaison harmonieuse; on reconnaîtra ce procédé dans les vases, plaques de cabinets et tout ce qui sort des mains du potier. Enfin, l'artiste choisit dans une porcelaine craquelée, émaillée ou bizarrement ondulée des fonds particls qu'il rehausse en laque avec des personnages, des fleurs et des oiseaux. Cette dernière méthode est la moins commune, bien qu'on en trouve de temps à autre des exemples.

Un procédé tout différent, mais qui paraît tombé en désuétude dans les ateliers modernes, consiste à appliquer le décor en relief et en bosse, au moyen d'une pâte de riz ou d'un enduit à peu près identique au papier mâché. Nous en avons vu des échantillons remarquables au musée de Dresde sur beaucoup de grandes potiches, malheureusement trop dégradées. Ce procédé avait cours au Japon à l'époque de leur fabrication, c'est-à-dire il y a deux ou trois siècles, car, aux endroits où les appliques sont tombées, nous avons observé les creux que le potier avait ménagés pour les recevoir. Les vases ne portent qu'en partie des ornements en relief, le reste étant verni et décoré à l'ordinaire. Les reliefs, pour la plupart d'un galbe très-pur, sont affectés à des animaux, à des fruits ou à des fleurs, sur des fonds en damassé. Il y a sur ces fonds des traces de dorure, et les couleurs ternies trahissent encore leur ancien éclat. On ne peut guère se figurer ce qu'étaient dans leur état primitif ces pièces intéressantes; ce qu'il en reste suffit toutefois à prouver qu'elles devaient compter parmi les manifestations les plus belles et les plus originales de l'art.

En terminant cette revue sommaire de l'industrie céramique au Japon, nous ajouterons quelques mots sur des localités secondaires, dont nous n'avons rien dit.

Dans la province de Bizen, on fait de la porcelaine blanche; mais un produit qui lui est propre, c'est une poterie brune, qui sert à façonner toutes sortes de grotesques, de figurines de saints et de divinités domestiques, et d'animaux. On remarque un grand fonds d'esprit et de talent dans ces bluettes, et certaines caricatures ont une physionomie si expressive, qu'il est presque impossible de ne pas éclater de rire en les voyant. Le grès varie de nuance, depuis le gris pâle jusqu'au brun presque noirâtre, tantôt vernissé, tantôt brut, et quelquefois l'un et l'autre. Les vernis en usage diffèrent également de teinte et de qualité.

Dans la province d'Omi, l'on fabrique en quantités considérables une poterie commune qui ne mérite pas d'arrêter l'attention. Dans celle d'Iouachiro, la production des porcelaines et poteries alimente la consommation locale.

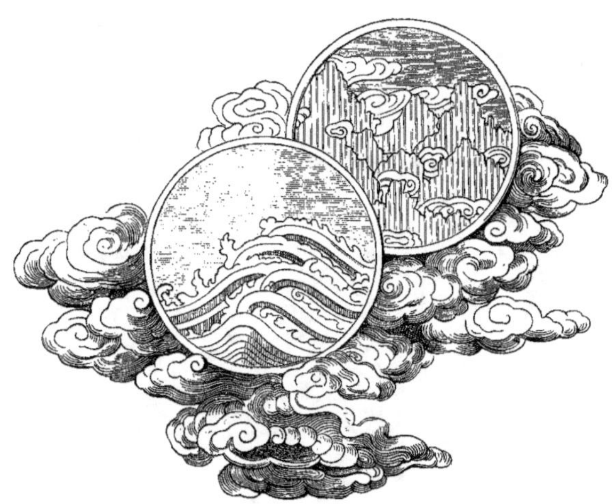

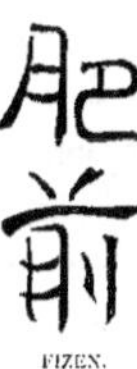

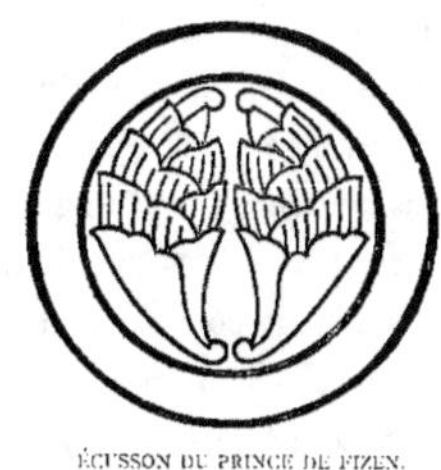

ÉCUSSON DU PRINCE DE FIZEN.
(D'après un rouleau d'étendards japonais.)

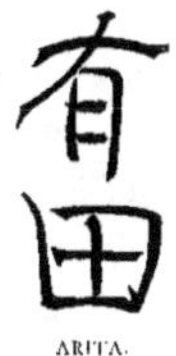

FABRIQUE DE FIZEN.

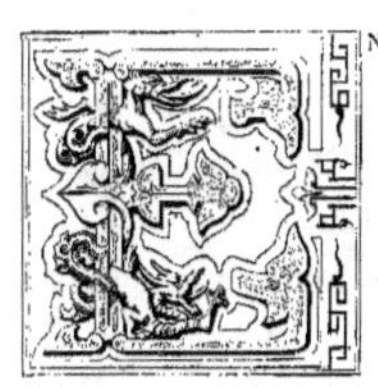

EN remontant au nord-ouest de la grande île de Kiou-siou, on trouve la province de Fizen qui forme, à l'exception de la petite île de Firando et du groupe des Goto, la partie la plus occident ale de l'empire. Son chef-lieu, Saga, est une ville très-importante, bâtie à la pointe septentrionale du golfe de Simabara. Le Fizen a deux ports ouverts au commerce étranger : l'un, Nagasaki, bien connu en Occident pour avoir été depuis 1641 le siége du trafic des Hollandais, et dans les eaux duquel fut construit artificiellement pour les Portugais l'îlot, en forme d'éventail, de Decima, qui servit bientôt après de factorerie à la Compagnie néerlandaise; l'autre, Imari, qui, de nos jours, expédie, par quantités considérables, les produits céramiques de la province.

Ces deux villes donnent chacune leur nom à la porcelaine qui en est exportée, qualification incorrecte cependant, puisqu'elles n'en fabriquent ni l'une ni l'autre. Elle est envoyée de différentes localités du Fizen, sans excepter l'île de Firando, située dans l'ouest, entre Nagasaki et Imari, mais beaucoup plus rapprochée de la première ville que de la seconde. Les articles qu'on embarque à Imari proviennent d'Arita et de sa banlieue, tandis que ceux de Firando et d'autres districts s'écoulent probablement aussi bien dans ce port que dans celui de Nagasaki. On a pu voir à la dernière Exposition de Vienne, sous le nom générique de *porcelaine d'Imari*, plusieurs magnifiques échantillons de la fabrique d'Arita, que des dimensions peu ordinaires non moins qu'une décoration magistrale rendaient dignes d'admiration; il y avait des vases hauts d'environ deux mètres, d'un travail entièrement irréprochable, avec des motifs hardiment conçus, tout en bleu ou en bleu incrusté de laque. Ces chefs-d'œuvre de l'art du potier appartiennent aujourd'hui à lord Dudley et à M. F.-G. Dalgetty.

Par la voie de Nagasaki l'industrie céramique du Fizen exporte toutes ses variétés, notamment la belle coquille d'œuf et la porcelaine semi-translucide, si délicatement clissée en treillis de bambou. La coquille d'œuf de Nagasaki est, avec la porcelaine translucide, d'une qualité parfaite, au moins sous le rapport des pâtes; car, en général, elles pèchent contre le bon goût au point de vue du décor; et cette sorte de décor est si particulière, de style et de coloris tout ensemble, qu'il n'est pas malaisé de le distinguer d'avec les produits d'Owari ou d'avec ceux du Fizen décorés ailleurs. Les articles du Fizen qu'on nomme communément *articles de Nagasaki* ont été fabriqués sur la commande des marchands de cette ville pour être expédiés en Europe. Afin d'en rendre la vente plus facile, on s'est préoccupé, en les faisant, de produire de l'effet au meilleur marché possible. L'art n'a rien à démêler avec cette pacotille. Nous reviendrons, avec détails, sur ce genre d'industrie, en traitant de la fabrication moderne au Fizen. En attendant, remontons de trois siècles en arrière, c'est-à-dire à l'époque où les premières cargaisons de porcelaine firent voile pour l'Occident.

Les Portugais furent, comme on sait, les premiers Européens qui trafiquèrent avec le Japon. En 1542, ils débarquèrent sur cette terre jusqu'alors inconnue[1], chassés par une violente tempête, qui les jeta dans un petit havre de la province de Boungo, sur la côte orientale de l'île de Kiou-siou. Au temps de leur arrivée, il n'existait point de loi contre les étrangers; aussi, pressentant les grands avantages qu'ils pourraient retirer de leurs relations commerciales avec ce nouveau pays, s'empressèrent-ils d'y établir une factorerie.

Il est tout à fait inutile de suivre les développements du commerce des Portugais depuis ses origines jusqu'à sa suppression totale, par suite de l'édit impérial de 1639. Kæmpfer, l'autorité par excellence pour tout ce qui concerne les relations anciennes avec le Japon, n'entre pas dans le détail des marchandises exportées de la factorerie, sinon en parlant des faits relatifs à l'embarquement des espèces monnayées[2]. Mais, d'après ce qu'il raconte, on peut supposer que l'industrie céramique fournissait des pièces rares à l'exportation des Portugais. Les articles d'échange, soit dans les ports de Boungo et de Firando, qui furent d'abord le siége de leurs opérations commerciales, soit dans celui de Nagasaki, où ils furent ensuite confinés, devaient provenir des fabriques du Fizen. L'importation des plus anciennes

---

[1] D'après le P. Jean de Lucena, ces premiers explorateurs du Japon étaient trois marchands, qui se rendaient par mer du Siam à la Chine; ils se nommaient Antoine du Mota, François Zaimoto et Antoine Peixoto. (Voyez *Historia da vida do P. Francisco de Xavier*; Lisbonne, 1600, in-folio.)

[2] « Ici, dit-il, je laisserai pour un moment de côté les matières religieuses pour dire quelques mots touchant le commerce et « les échanges des Portugais. Les marchands dans leur négoce, les prêtres dans la propagation de la foi, réussirent également « bien. Les marchands épousaient les filles des plus riches habitants, et vendaient leurs articles à des prix avantageux. L'or du « pays s'échangeait contre des curiosités de l'Europe et des Indes, des médecines, des étoffes et autres objets de même nature. « Plus de 300 tonnes du précieux métal étaient exportées chaque année, car ils avaient en ce temps-là liberté entière d'importer « et d'exporter ce qui leur semblait bon et autant qu'ils voulaient. Durant leur prospérité, ils amenaient leurs cargaisons dans de « grands bâtiments; mais, quand l'état de leurs affaires déclina, ils se contentèrent de *galiotes,* comme ils disent, ou de bâti- « ments plus petits. Ils fréquentèrent d'abord les ports de Boungo et de Firando; puis on les restreignit au port de Nagasaki. « Sur les marchandises importées leur gain était d'au moins cent pour cent, et sur leurs exportations il n'était pas mince non plus. « On pensait que si les Portugais avaient continué vingt ans encore leur trafic au Japon, sur le même pied qu'auparavant, d'im- « menses richesses auraient passé de ce nouvel Ophir à Macao, et qu'un fleuve d'or et d'argent aurait coulé dans cette ville avec « la même abondance qu'à Jérusalem, sous le règne de Salomon. Il est inutile d'exposer ici toutes les particularités de leurs « échanges; il suffira, je crois, de mentionner ce fait que, dans leurs derniers voyages au Japon, à l'époque où leur commerce « était au plus bas, c'est-à-dire en 1636, les Portugais chargèrent à Nagasaki 2,350 caisses d'argent à bord de quatre bâtiments « en partance pour Macao. En 1637, ils débarquèrent des marchandises et embarquèrent de l'argent pour une valeur de 2,142,365 « taëls à bord de six navires; et en 1638, pour une valeur de 1,259,023 taëls, rien que sur deux galiotes. Et l'on découvrit que. « peu d'années auparavant, ils avaient expédié sur un de leurs petits bâtiments plus de cent tonnes d'or monnayé. » (Kæmpfer, *History of Japan,* pp. 313-314.)

porcelaines qui se trouvent en Europe (c'est un fait à peu près hors de doute) est due aux Portugais, et elle eut lieu entre les années 1550 et 1639. Malheureusement il nous est impossible de hasarder sur ce sujet autre chose qu'une opinion personnelle, quelque forte que soit la conviction formée dans notre esprit par l'examen et la comparaison des pièces. La seule preuve concluante de leur antiquité serait une date précise, un fait historique, et ces sortes de marques se rencontrent bien rarement dans les ouvrages d'autrefois.

Passons maintenant à l'époque de l'établissement des Hollandais dans le Fizen, époque plus importante pour l'histoire de la céramique japonaise que la précédente, parce que nous avons, pour nous guider, des sources respectables d'information. Les lettres patentes concédant aux Hollandais le droit de trafiquer dans le comptoir qu'ils fondèrent en premier lieu à Firando ont été données, paraît-il, en 1611, sous le règne de Hiéas; autant que nous sachions, les Hollandais jouirent de priviléges assez semblables à ceux de leurs rivaux jusqu'au moment de l'expulsion de ces derniers et jusqu'à la proclamation de l'édit de 1639, qui porta le coup de mort aux visées ambitieuses des Portugais et au commerce étranger tout à la fois. En 1635 l'îlot de Decima fut élevé par les Japonais dans la baie de Nagasaki, afin d'exclure les Portugais de la ville proprement dite et de les surveiller plus étroitement; après leur expulsion définitive, on résolut de faire évacuer la factorerie hollandaise de Firando et de l'installer, sous les mêmes conditions, à Decima. En conséquence, les Hollandais se transportèrent, le 21 mai 1641, dans cette espèce de geôle, et depuis lors ils y continuèrent, malgré des restrictions aussi vexatoires qu'humiliantes, leur lucratif négoce.

L'édit lancé contre les Portugais resta en vigueur après leur départ; et il ne fut point permis aux Hollandais de trafiquer librement comme ils l'avaient fait à Firando. Jusque-là on n'avait mis aucune entrave à l'entrée des étrangers, non plus qu'aux allées et venues des indigènes; mais alors les choses changèrent complétement de face, ainsi qu'on peut s'en assurer d'après la teneur de quelques-unes des clauses de l'édit impérial, rapporté textuellement par Kæmpfer :

« *A Sakaki-Barra-Findano Cami et à Baba-Sabraï Sedjimoun.*

« Il ne sera permis à aucun navire japonais ou barque quelconque, ni à aucun sujet « du Japon, de sortir du pays. Celui qui désobéirait sera mis à mort, et le navire, équipage « et marchandises, séquestré jusqu'à nouvel ordre.

« Tout Japonais qui reviendra de l'étranger sera mis à mort.

« Quiconque découvrira un prêtre recevra une récompense de 4 à 500 *chuits* d'argent[1], « et autant à proportion pour chaque chrétien.

« Toute personne qui propagera la doctrine des chrétiens ou qui portera ce nom scanda- « leux sera enfermé à l'Ombra ou dans la prison commune de la ville.

« La race entière des Portugais, y compris leurs mères, servantes et tout ce qui dépend « d'eux, sera exilée à Macao.

---

[1] Un *chuit* d'argent, rapporte Kæmpfer, pèse 5 onces environ, de sorte que 500 *chuits* pèsent 25,000 onces, qui valent 25,000 rixdales ou 500 livres sterling.

« Quiconque osera transmettre un message du dehors ou reparaître après avoir été banni
« mourra, avec toute sa famille ; de même, quiconque osera intercéder en faveur d'un con-
« damné sera mis à mort.

« Aucun noble, aucun soldat ne pourra rien acheter d'un étranger ; etc.

« . . . .

« Donné la treizième année de notre règne, le 19 *quanié* du cinquième mois.

« Signé :

« Saccaya-Sanikkeno Cami,	« Matzendeyro-Insemo Cami,
« Duno-Ojeno Cami,	« Abono-Bongono Cami. »
« Cangano Cami,	

La première période du commerce des Hollandais dura trente ans environ, à savoir, depuis
l'octroi des lettres patentes en 1611 jusqu'à l'établissement de Decima, période durant
laquelle les vaisseaux de la Compagnie hollandaise des Indes orientales, sans cesse allant et
venant, embarquèrent, suivant toutes probabilités, des porcelaines du Fizen avec leurs cargaisons plus précieuses d'or et d'argent. Il n'existe toutefois aucun témoignage contemporain
qui puisse nous éclairer là-dessus. Après l'installation dans la baie de Nagasaki, nous avons
des données sur l'état du commerce et l'espèce de marchandises exportées de la factorerie.
Les Hollandais eurent à souffrir des vexations sans nombre de la part des fonctionnaires japonais, parce qu'on les regardait, en leur qualité de chrétiens, à peu près comme des traîtres
et des ennemis déclarés de la nation ; pourtant, en dépit de ces déboires et des restrictions
onéreuses apportées à l'expédition de leurs affaires, la première année de leur résidence à
Decima fut, assure-t-on, une des plus avantageuses, les entrées ayant atteint une valeur de
700,000 livres sterling de notre monnaie (17 millions et demi de francs), et les sorties étant
à proportion.

Depuis ce temps la porcelaine devint un article régulier de commerce, et, selon Kæmpfer,
l'exportation annuelle s'en éleva à une centaine de caisses, sans compter les cadeaux faits à
l'ambassade qui se rendait tous les ans à la cour de l'empereur, à Kioto.

Nous n'avons de ce voyageur expérimenté, qui fut médecin de l'ambassade hollandaise et
qui, en cette qualité, l'accompagna à la cour, aucun renseignement de nature à nous éclairer
sur l'espèce de marchandises exportées chaque année, ni sur les cadeaux offerts par le souverain et ses grands dignitaires aux membres de l'ambassade ; toutefois, il est possible de
suppléer à cette lacune en nous tournant du côté de l'Europe et en y cherchant la trace de
l'arrivage desdites marchandises. Un fait déjà hors de doute, c'est l'envoi direct des porcelaines (pour la majeure partie au moins), et nous pourrions ajouter de tous les objets d'art,
dans les ports de la Hollande, où des centaines de caisses étaient ouvertes et leur contenu
inventorié afin d'en opérer la distribution ou la vente. Sans aller plus loin, il est certain
que la Hollande importa chez elle, par l'intermédiaire de sa Compagnie des Indes, d'immenses quantités de porcelaine orientale et d'autres objets d'art durant la période dont nous

nous occupons, c'est-à-dire la seconde moitié du dix-septième siécle [1]; et l'on peut accepter comme un fait que la plupart des articles furent embarqués à Nangasaki et qu'en conséquence ils sortaient des ateliers du Fizen.

Le mouvement des anciennes exportations devait comprendre plusieurs variétés de porcelaine; toutefois, il résulte de nos recherches personnelles que deux seulement, et des plus marquantes, étaient expédiées en Europe : l'une bleue, l'autre rouge, bleue et or, également de qualité supérieure. On les a désignées longtemps sous la dénomination assez vague de *vieux Japon*, et il en existe de grandes et belles collections dans les cabinets publics et particuliers. La plus importante est au palais Japonais de Dresde; nous y avons déjà fait allusion et nous entrerons plus loin dans quelques détails sur ce qu'il contient.

Il convient d'abord d'établir que les articles dont nous parlons sortent des ateliers du Fizen, puisque nous nous occupons en ce moment des produits de cette province.

Que le *vieux Japon* soit d'origine japonaise et qu'il ait été introduit en Occident par la Compagnie néerlandaise des Indes orientales, ces deux points-là sont hors de discussion. Or, l'unique port réservé au commerce de la Compagnie se trouvant dans le Fizen et le Fizen étant le centre de l'industrie porcelainière au Japon, il est naturel de supposer que les articles exportés se fabriquaient dans cette province. Nous manquions là-dessus de renseignements précis lorsqu'en 1873 un des commissaires du gouvernement à l'Exposition de Vienne nous les communiqua. Ladite porcelaine, à ce qu'il nous apprit, avait été faite au Fizen environ deux siècles auparavant et expédiée de Nangasaki par les Hollandais; et il raconta l'histoire, que nous avons déjà dite, de Tomimoura Kaniémon, fabricant de porcelaine à cette époque, sa conduite déloyale et comment il fut condamné à s'ouvrir le ventre.

La plus forte partie du Musée japonais de Dresde consiste en potiches à couvercle, gobelets, gourdes, bouteilles et assiettes de toutes grandeurs, le tout décoré de fleurs, d'oiseaux, d'animaux et d'ornements de convention, largement peint en rouge, bleu et or, avec des touches accidentelles de noir. Dans le règne végétal, le chrysanthème et la pivoine dominent, puis le *moumi*, le sapin, le paulownia impérial et le bambou. On n'est pas peu embarrassé, en examinant ces divers objets, de se rendre compte de leur caractère distinctif. L'antiquité n'en est pas douteuse, et ils sont comme les échos de traditions déjà lointaines; mais, cela admis, on ne saurait s'empêcher de demander si une influence extérieure n'est pas venue modifier, altérer les aptitudes nationales. Jacquemart rapporte, d'après les *Ambassades mémorables*, quelle fut l'action des négociants hollandais sur la fabrique même et comment Wagenaar, qui représenta longtemps les Provinces-Unies au Japon, obtint le monopole du commerce des porcelaines, monta des ateliers de décor et fit travailler sur ses propres dessins [2].

S'il en a été ainsi, toute difficulté disparaît. Cette théorie d'une céramique bâtarde a la

---

[1] « En 1664, rapporte Jacquemart, il arriva en Hollande 44,943 pièces de porcelaines du Japon très-rares. Il partait de Batavia, « au mois de décembre de la même année, 16,580 autres pièces de porcelaines de diverses sortes recueillies par la Compagnie « néerlandaise. » A. JACQUEMART, *les Merveilles de la Céramique*, Paris, 2ᵉ édit., 1868, t. 1ᵉʳ, in-18.

[2] Voici les curieux détails que fournit à ce sujet la relation des *Ambassades mémorables :* « Pendant que le sieur Wagenaar « se disposait à retourner à Batavia, il reçut 21,587 pièces de porcelaine blanche, et un mois auparavant il en était venu à « Décima une très-grande quantité, mais dont le débit ne fut pas grand, n'ayant pas assez de fleurs. Depuis quelques années les

probabilité pour elle, et la richesse excessive de beaucoup de pièces, littéralement écrasées d'ornements, tendrait à en prouver la vérité. Les planches I, II et III sont consacrées à cinq pièces du Musée de Dresde; on a choisi pour l'illustration les plus originales, lesquelles sont aussi des types très-caractéristiques de la vieille fabrique du Fizen.

Quelques-unes des pièces les plus intéressantes de la collection portent en relief l'une des armoiries impériales, le *kikou-mon*, et il serait possible que celles-là sortissent des mains de l'infortuné Tomimoura [1].

La pâte du vieux Fizen est dure, d'un grain uni et d'un blanc pur, qualités qui dénotent une main-d'œuvre habile et exercée. Les traits essentiels du décor consistent dans l'emploi presque invariable des fonds rouge, bleu et or et des bouquets de chrysanthèmes et de pivoines, jetés sur une broderie d'arabesques ou d'entrelacs qui couvrent la surface entière ou les espaces entre les compartiments. Parfois une bordure noire à grecque d'or circonscrit le fond, que rehaussent une mosaïque clathrée noire et des traits d'or étoilant chaque réserve de la mosaïque; rien n'est plus décoratif que ce genre et d'un plus brillant effet.

Cependant les belles pièces du Musée japonais sont celles qu'une incrustation en relief couvre par places. Elles ont la forme de potiches, d'environ 75 centimètres de haut, avec un décor de fleurs bleues et d'enroulements, d'une exécution assez sommaire. La couverte en relief, qui s'étend sur les deux tiers du vase, s'obtient au moyen d'une composition, où la farine de riz entre, dit-on, largement, et s'applique sur une sorte de biscuit préparé d'avance. Dans les pièces dont il est question ce rehaut s'est écaillé en grande partie, laissant voir la maquette et l'esquisse des dessins qui s'y est imprimée en noir. La plupart de ces dessins sont d'un faire très-travaillé et prouvent une habileté singulière : ils se composent de bouquets de fleurs, combinés avec le fabuleux *kirin*, le dragon et le *ho-ho*, de rochers, de cascades, d'arbres, de bambous, d'ornements en mosaïque, le tout d'un rendu irréprochable et en couleurs éclatantes. Malgré les ravages du temps qui a terni dorures et couleurs, ce qu'il en reste suffit à donner une idée de l'effet que jadis elles devaient produire.

L'origine de ces vases n'est pas bien connue. Rien ne s'oppose à ce qu'ils soient du Fizen; pourtant, à en juger sur leur décor en relief, nous serions d'avis que, moulés et rehaussés dans les fabriques du Fizen, ils ont été envoyés à Kioto pour y être peints par les fameux artistes de cette ville. Ajoutons même qu'il y a peu de motifs à en faire des provenances du Fizen, et qu'ils pourraient être tout aussi bien l'œuvre exclusive des ateliers de Kioto.

En outre, on voit à Dresde plusieurs spécimens de porcelaine à jour ou, selon le terme, réticulée; nous citerons en ce genre une rangée de potiches et de gobelets, hauts de 20 centimètres et décorés de fleurs et d'oiseaux à la manière accoutumée.

Il ne paraît pas y avoir dans ce musée de pièces aux armoiries du prince de Fizen. Nous

---

« Japonais se sont appliqués à ces sortes d'ouvrages avec beaucoup d'assiduité. Ils y deviennent si habiles, que non-seulement
« les Hollandais, mais les Chinois mêmes en achètent. » (*Ambassades mémorables de la Compagnie des Indes orientales des Provinces-Unies vers les empereurs du Japon;* Amsterdam, 1680, in-fol., fig.)

[1] Dans la liste des objets de contrebande qu'il était interdit aux étrangers d'acheter ou d'exporter, Kæmpfer cite : « ceux
« marqués aux armoiries de l'empereur, ainsi que toute impression, peinture, étoffe ou marchandise quelconque au même
« chiffre. »

avons vu ailleurs un vase réticulé à couvercle, où elles sont suspendues aux compartiments à jour. C'est l'unique pièce de vieux Fizen que nous connaissions avec cette marque. Une reproduction des mêmes armoiries, d'après un recueil d'étendards japonais, sert d'en-tête à ce chapitre.

La collection de plats et d'assiettes, très-nombreuse à Dresde, contient à peu près toutes les variétés connues de la porcelaine rouge, bleu et or. Les plus remarquables, vraiment japonaises d'exécution et de goût, sont celles aux armoiries impériales, formées de seize cannelures à l'imitation du *kikou*. Ces sortes de blasons parlants ne sont pas communs : on en possède quelques beaux échantillons en Angleterre, par exemple chez le duc de Devonshire, chez MM. A.-W. Franks (de Londres) et William Bartlett (de Liverpool) et chez Mme James Rawdon. Ce qui distingue cette espèce est non-seulement son modelé en forme de *kikou-mon,* mais la profusion de *kikous* répandus à la surface, grands et petits, de toutes couleurs, tantôt à teinte plate tantôt en relief.

Au nombre des pièces rarissimes de Dresde il faut placer les bols, dont nous n'avons vu, hors de là, que bien peu de bons modèles. Celui qui est reproduit sur la planche V, tiré de la collection Bowes, est peut-être le meilleur; il intéresse surtout à cause du nombre et de la variété des couleurs employées : bleu de ciel, vert clair, jaune citron, pourpre et noir, sans compter le rouge, le bleu foncé et l'or, palette ordinaire du vieux Fizen. Quatre dessins en ornent l'intérieur, répétés chacun quatre fois dans les seize cannelures formant pétales, et huit petits *kikous,* dont la moitié en relief; l'extérieur a reçu un riche décor en mosaïque et sept *kikous,* peints à teinte plate. Deux bols de même style, moins bien ornés, figurent dans le cabinet du duc de Devonshire.

Une autre sorte de vieux Fizen rouge, bleu et or, est presque aussi introuvable que celle au *kikou :* elle porte du feuillage ou des fleurs en relief (dont l'usage est assez rare) sur un fond de porcelaine blanche la plus délicate et la plus pure.

Les amateurs de vieux Japon devront se mettre en garde contre les adroites contrefaçons des marchands de l'Occident, qui ont fait faire des repeints, des additions ou des retouches à plusieurs centaines de pièces depuis leur importation en Europe. Reconnaître une copie n'est pas difficile : l'ensemble du travail, la nature de la pâte, la raideur des ornements peuvent y aider; mais s'assurer d'un coup d'œil si l'œuvre originale a repassé par le four d'un de nos porcelainiers est tout autre chose.

Nous avons encore à parler, en fait de vieux Fizen, de la porcelaine blanche et bleue. Relativement il en reste peu d'authentique, surtout si on la veut contemporaine de la porcelaine rouge, bleue et or. Cette rareté, croyons-nous, est due à l'indifférence des marchands d'autrefois, qui ne la jugeaient pas digne d'être exportée, tandis qu'il leur était si aisé de s'en procurer une autre plus éclatante et d'une défaite assurée.

Les beaux modèles bleus du vieux Fizen se recommandent par des éléments décoratifs larges et bien appropriés, tels que des fleurs et des arabesques; un bleu intense, qui touche au noir dans les ombres, du rouge plus ou moins vif dans les clairs, s'y balancent en masses à peu près égales. La qualité de la pâte ne diffère pas sensiblement de celle des pièces à riche coloration. Qant à des moyens sûrs de la distinguer des produits similaires chinois, il n'y en a d'aucune sorte. Le plus commun est encore de vérifier par-dessous la trace de nombreux petits trous, comme il arrive pour les pièces soignées : ces trous marquent la place des étais d'argile qui ont soutenu la pièce à la cuisson double et qu'on a brisés en la sortant du four; on en constate la présence sur la porcelaine japonaise seulement. Il y a aussi des cas où la manière du peintre peut servir de guide; par malheur, les pièces anciennes manquent, en général, des traits essentiels qui forment aujourd'hui la base de l'art japonais. Un beau spécimen de cette variété a été donné dans la planche IV.

A l'époque du vieux Fizen appartient avec vraisemblance une variété blanche et bleue, connue des amateurs sous le nom de *modèle à l'aubépine*. Tout à fait différente, en tant qu'exécution artistique, des produits de même espèce, elle est, pour cette raison peut-être, en grande faveur de nos jours et atteint des prix élevés. Il règne encore beaucoup d'obscurité sur son origine; elle serait chinoise, s'il fallait en croire l'opinion générale. Nous ne sommes guère en meilleure position que les autres de trancher la question; néanmoins, on nous permettra d'exposer librement notre avis, de même que les motifs sur lesquels se fonde notre conviction que certaines pièces appartiennent au vieux Fizen et sont de la même époque d'importation en Europe.

La fleur d'où lui vient son surnom n'est pas notre aubépine, malgré une vague ressemblance de forme : c'est celle de l'arbre symbolique favori des Japonais, le *moumi*. Sans vouloir prétendre qu'on n'en retrouve jamais l'image sur la porcelaine chinoise, nous sommes persuadé qu'elle doit, selon les circonstances, témoigner fortement en faveur de son origine japonaise. Oui, les Chinois reproduisent le *moumi* à titre d'accessoire; mais pour leurs voisins il est un idéal impérissable de beauté, l'emblème par excellence du printemps, de la jeunesse et du bonheur, l'arbre qui doit ombrager chaque temple et fleurir éternellement devant le palais du sacré empereur.

La décoration de cette variété se compose de rameaux et de fleurs du *moumi* sauvage, quelquefois de fleurs seulement, sur fond nuagé de bleu. Il n'y a rien de particulièremet remarquable dans l'arrangement des motifs ou dans leur exécution; les pièces n'ont qu'une beauté relative, mais, ce qui les recommande à la passion des amateurs, elles sont rares. On n'en trouve que deux à Dresde, classées avec l'ancienne céramique japonaise, et elles ne sont guère nombreuses ailleurs. La planche VIII en contient de belles, qui appartiennent à MM. Édouard Salt et Walter Dunlop.

En qualité et en travail, la porcelaine à l'aubépine a d'étroites affinités avec tout article japonais d'origine authentique; mais en ce cas une ressemblance ne tient pas lieu de preuve.

Dans ses *Merveilles de la Céramique*, Jacquemart rapporte un passage des *Ambassades mémorables*, dont nous avons cité un fragment plus haut, sur la fantaisie qu'eut le sieur Wagenaar d'inventer une fleur, sous prétexte que la porcelaine nationale n'en avait pas assez à son goût [1]. Cette fleur, qui était sur fond bleu, serait-elle par hasard celle devenue fameuse

[1] « Le sieur Wagenaar, grand connaisseur et fort habile dans ces sortes d'ouvrages, inventa une fleur sur un fond bleu, qui fut

sous le nom d'aubépine ? N'est-il pas possible que Wagenaar, rencontrant le *moumi* à chaque pas et témoin de l'admiration universelle qu'il excitait, ait eu l'idée de substituer au fond blanc jusque-là en usage le fond bleu, pour y faire mieux ressortir la fleur favorite dans sa couleur naturelle ?

Peu de temps après, il est plus que probable que les Chinois produisirent un modèle pareil à l'instar de celui de Wagenaar, car nous avons vu des pièces au *moumi,* de qualité inférieure, avec une marque qui ressemblait à la *feuille* chinoise.

Selon le docteur Hoffmann, un ouvrage japonais fut publié en 1799 à Osacca, dans lequel se trouve, parmi beaucoup de détails concernant l'industrie nationale, une description de l'art du porcelainier; elle remplit le tome V sous le titre d'*Imari waki* (fabrique d'Imari). D'après la traduction qu'en a faite le savant hollandais, nous allons puiser de nouveau à la même source pour la liste des usines en activité à la fin du dix-huitième siècle, liste qui, sauf des additions sans importance, n'a pas dû varier jusqu'à nos jours.

Revenons à notre auteur japonais. Il affirme que, de tous les produits céramiques provenant des diverses provinces de l'empire, on n'en saurait comparer aucun à ceux du Fizen, qui portent le nom d'Imari Yaki, non parce qu'on les y fabrique, mais parce qu'on les expédie de là dans tout le pays. A Imari même il n'y a point d'usines; au nombre de vingt-quatre ou de vingt-cinq, elles s'étagent sur les pentes de l'Idsoumi-yama (le Mont aux Sources), d'où l'on extrait les terres à porcelaine. Dix-huit d'entre elles jouissent d'une célébrité particulière; voici leurs noms :

Oho-kawatchi-yama.	le Grand Mont d'entre les rivières.
Mi-kawatchi-yama	les Trois Monts d'entre les rivières.
Idsoumi-yama	le Mont aux Sources.
Kan-ko-fira	le Beau Plateau d'en haut.
Fou-ko-fira	le Beau Plateau principal.
Oho-tarou	le Grand Vase.
Naka-tarou	le Vase moyen.
Chira-gawa	le Ruisseau blanc.
Fini-koba	le Vieux Pin.
Akaye-matchi	le Quartier des peintres en rouge.
Naka-no-fira	le Plateau du milieu.
Iwaya	la Grotte ou la Maison de pierre.
Naga-fira	le Long Plateau.
Minami-kawara	la Rive du sud.
Iloka-o.	le Bout dehors.
Kouromouda.	le Champ noir.
Firo-si.	le Grand Ruisseau.
Itchi-no-si	le Premier Ruisseau.

Les deux premiers établissements de cette liste, d'après l'auteur japonais, appartiendraient à des familles princières, qui ont leurs domaines dans la province, et ce qu'on y fabrique servirait à l'usage exclusif des maîtres, sans passer sur le marché; les autres, installés autour d'Arita (district de Matsoura), seraient la propriété d'habitants du Fizen et leurs produits

« trouvée si belle que, de deux cents pièces où il la fit peindre, il n'en resta pas une seule qui ne fût aussitôt vendue, de sorte « qu'il n'y avait point de boutique qui n'en fût garnie. (*Ambassades mémorables;* Amst., 1680, in-fol., fig.)

sont destinés au commerce. Il nous apprend aussi que la majeure partie de la porcelaine blanche et bleue sort des ateliers de Firo-sé, bien qu'elle n'y soit pas de la plus fine qualité.

Ces détails s'appliquent à la fabrication du Fizen vers 1799, où commença, dans les annales de la céramique japonaise, la période que l'on peut qualifier de moyenne ou d'intermédiaire, période d'épanouissement et d'originalité, moins peut-être au Fizen qu'en d'autres districts de l'empire. Les qualités qui la font reconnaître dans les œuvres du Fizen sont le fini du dessin, la délicatesse et la sobriété du pinceau. Vu l'absence totale de marques ou d'empreintes, il nous est impossible de définir avec autorité quelles variétés dépendent au juste de l'époque moyenne. Des échantillons venus en Occident les principaux sont décorés de bleu; le reste présente plusieurs genres de peinture polychrome, entre autres l'assiette très-remarquable de la planche VII et le groupe d'objets de la planche IX. Faisons observer en passant que ces derniers articles ressemblent pour les ornements à ceux de la fabrique moderne de Nangasaki, et qu'ils ont sans doute été exécutés dans ces mêmes ateliers qui ont récemment, sur la commande des négociants de la ville, expédié sur les marchés d'Europe tant de clinquant et de pacotille.

La porcelaine décorée de bleu qu'on peut attribuer à cette époque est surtout caractérisée par la pureté de la pâte et l'indépendance toute japonaise de l'ornementation. Sur les grandes pièces, qui sont fréquemment des plats à sauce et dont les dimensions deviennent aujourd'hui communes dans le moderne Fizen, on voit d'ordinaire des fleurs et des oiseaux traités d'une main savante. Sur les petites, de formes variées, la décoration est diverse, mais toujours artis-

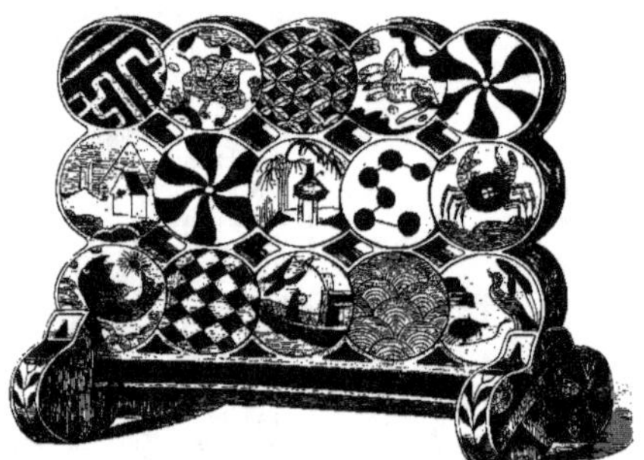

PRESSE-PAPIER EN PORCELAINE DE FIZEN (COLLECTION HENDERSON).

tique et originale. Le bleu varie aussi beaucoup de nuance, plus mate en général que dans les pièces récentes. Nous donnons ci-dessus, sur cette page et la suivante, deux spécimens de menus objets appartenant à M. John Henderson.

On a fabriqué dans la province de la porcelaine coquille d'œuf avec la plus grande perfection au commencement du présent siècle; pourtant elle ne semble pas avoir reçu un décor si finement travaillé que dans ces derniers temps, et la cause probable en est la haute estime où l'on tenait cette variété pour sa minceur extrême, sa pureté de ton, sa transparence surtout, qualité qui fait ressembler certaines pièces à un verre opalisé. Cette transparence extraordinaire des pâtes du Fizen est un signe caractéristique, qui n'a d'égal dans aucune des plus belles provenances d'Owari, de Kioto, etc.

La porcelaine de la dernière époque pourrait être en toute vérité qualifiée de moderne, épithète qui conviendrait beaucoup mieux, selon nous, aux articles fabriqués récemment sur commande et en vue du marché européen. Les meilleurs morceaux de l'époque moderne ont passé dans les grandes expositions internationales, à Paris en 1867 et à Vienne en 1873; marqués au coin du style japonais, sous le double rapport de la forme et de la décoration, ils représentaient, dans toute la force du terme, l'art céramique moderne, non-seulement par les qualités nationales, mais par leur conformité aux usages et au goût du pays.

A Paris on envoya plusieurs spécimens de très-beau Fizen, notamment des porcelaines coquille d'œuf et d'autres d'un travail particulier en bleu intense et brun foncé. Nous avons donné sur la planche VIII des reproductions de cette dernière variété, d'après des assiettes de la collection Joseph Beck. Ces belles pièces avaient été acquises par leur propriétaire actuel des représentants du Fizen à l'Exposition de Paris, et suivant leur dire, qui nous fut, au reste, confirmé par les commissaires japonais à Vienne, on ne procédait que par exception à une telle association de couleurs. Ces assiettes portent sur une marque le nom et l'adresse d'un célèbre fabricant d'Arita : *Ki-sa, à Nen-mokou-an.*

L'époque moderne a produit beaucoup de porcelaine blanche et bleue, en général de qualité supérieure et artistement décorée. On peut en voir un exemple dans le plateau gravé de la page VI.

Il y avait à l'Exposition de Vienne une nombreuse collection d'articles d'Arita, sous forme de vases, de bassins et de lampes de temple à dimensions énormes, plusieurs ayant près de deux mètres de haut; l'ornementation consistait en fleurs, oiseaux, animaux, d'un bleu ordi-

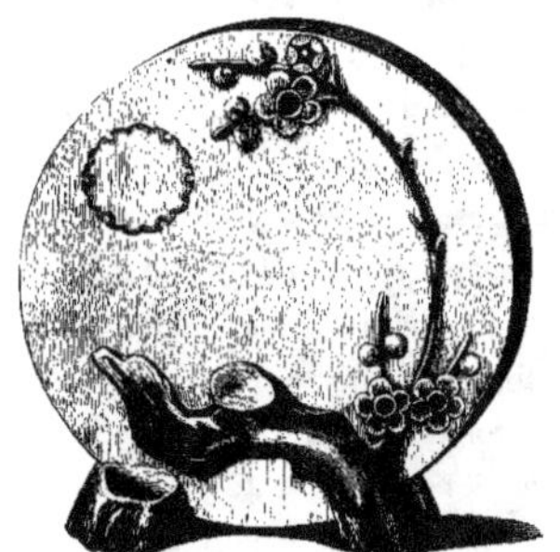

PRESSE-PAPIER EN PORCELAINE DE FIZEN (COLLECTION HENDERSON).

naire, parfois accidentés de laque. Ces pièces exceptionnelles (et c'était là leur trait le plus remarquable) étaient parfaites de tous points, ce qui prouvait une rare habileté dans la main-d'œuvre.

A propos d'ornements laqués, n'oublions pas de mentionner le procédé de laquer la porcelaine, qui est aujourd'hui en grande faveur dans les ateliers du Fizen. Les grandes potiches, plaquées de laque noire ou à demi peintes et agrémentées de motifs au trait, que l'on voit en montre chez tous les marchands de curiosités, sont fabriquées au Fizen et expédiées de Nangasaki ou d'Imari.

Essayer de décrire les variétés de porcelaine à émaux de couleurs qui, durant la dernière époque, sont sorties des ateliers du Fizen, est une tâche au-dessus de nos forces; en conséquence, nous nous contenterons de les ranger par groupes, en indiquant brièvement les particularités saillantes qui distinguent chacun d'eux.

Mettons dans le premier groupe la porcelaine blanche opaque, peinte en or et couleurs, comme est l'assiette de la planche VII; il contient les articles de vente courante, ceux que la province produit en plus grand nombre.

Dans le second groupe nous placerons la porcelaine fine translucide, ornée de délicates compositions au trait, peinte en nuances claires, ou par masses en relief ou en pointillé, de façon à présenter des effets de joyaux. Les objets de ce groupe sont menus d'ordinaire, tels que tasses, soucoupes, petits plats et théières, coupes et flacons à *saki*, etc.; la dorure en est mate et si peu adhérente qu'on peut douter si elle a été fixée au feu. Il arrive souvent qu'ils sont adroitement clissés avec des brins de bambou. Cette branche de la vannerie est un art particulier au Japon, où il est poussé à un degré de perfection absolue.

Nous réserverons le troisième groupe pour la porcelaine coquille d'œuf, qui, de tous temps, à l'étranger comme chez l'indigène, a joui d'une admiration bien méritée. L'extrême délicatesse de certaines pièces est telle, qu'on s'étonne à bon droit comment il a été possible de les tourner en pâte ou d'en garder la forme intacte pendant la cuisson. Aucun peuple n'a jamais pu égaler les Japonais dans cette fabrication, malgré des efforts réitérés pour y parvenir. La coquille d'œuf du Fizen est très-estimée; on en envoie beaucoup à Tokio pour y recevoir le décor. Il y en avait à Vienne plusieurs magnifiques spécimens. Quant au décor exécuté dans les ateliers du Fizen, il est, en général, peu satisfaisant, à cause de la crudité des tons et de la négligence du travail, défauts qui proviennent sans doute de la quantité des commandes.

Le quatrième groupe se composera de la porcelaine craquelée, quelle qu'en soit l'ornementation. En première ligne, nous placerons celle à pâte grise d'un ton cru, richement craquelée et garnie de sujets à fleurs, élégants, bien dessinés et légèrement rehaussés d'or. La crudité du ton provient à la fois des sillons noirs des craquelures et de la nuance grisâtre du vernis; ces sillons paraissent coloriés au moyen d'une teinte artificielle. Quelquefois cette variété de porcelaine comporte des motifs exécutés en laque de couleur et or, mélange d'un effet plaisant à l'œil, lorsqu'il s'enlève sur un fond tranquille.

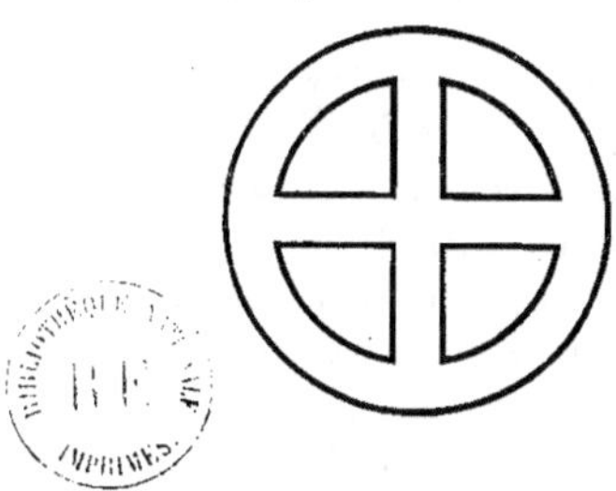

FAÏENCE DE SATSOUMA.

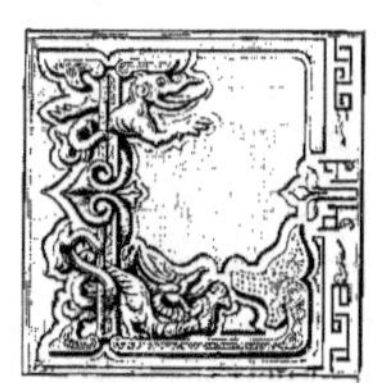

A province de Satsouma est située au sud-ouest de l'île de Kiou-siou, et, par conséquent, à une faible distance du grand centre porcelainier de cette dernière province.

A quelle époque remonte l'introduction de la poterie dans le Satsouma, c'est là une question qu'il n'y a probablement pas d'espoir de résoudre; si l'on en excepte l'affirmation constante que ce pays est renommé depuis des siècles pour ses produits céramiques, les sources d'information dignes de créance ne nous apprennent rien à ce sujet. Nous ne fûmes pas plus heureux en nous adressant aux commissaires japonais de l'Exposition de Vienne : leur instruction, si variée et si sûre en ce qui touchait les matières relatives à la céramique, se trouva sur ce point complètement en défaut.

En l'absence de documents authentiques, il n'est pas déraisonnable de supposer que cet art passa dans le Satsouma après avoir été porté au Fizen, ou du moins peu après qu'il y eut été installé d'une façon complète et satisfaisante. Une intelligence ouverte et l'esprit d'entreprise semblent avoir de tous temps caractérisé les habitants du Satsouma; et une industrie aussi importante et aussi utile que la poterie n'a pas dû longtemps échapper à leur sagacité, en présence surtout des progrès de leurs voisins, les potiers du Fizen.

Ajoutons toutefois que les premières importations de porcelaine japonaise en Occident n'encouragent guère les hypothèses de ce genre. D'énormes quantités d'articles du Fizen furent, on se le rappelle, embarqués par les Hollandais dans leur factorerie de Nangasaki, et l'on en peut voir dans tous les coins de l'Europe; mais une enquête minutieuse dans les musées et chez les amateurs n'en fera pas découvrir un seul exemplaire qui ressemble à ce qu'on nomme aujourd'hui *faïence de Satsouma*. Ces articles d'importation primitive sont tous, en général, identiques de fabrication, en porcelaine blanche et dure, et décorés par des artistes de la même école.

S'il existait au Japon des annales historiques de l'art du potier, ce serait là une mine de renseignements d'une valeur inestimable ; en ajoutant à ces données exactes une carte des îles et l'innombrable quantité d'objets en faïence et en porcelaine qui meublent nos collections, on ne pourrait guère se tromper dans un travail d'arrangement et de classification. Malheureusement rien de semblable n'est venu à notre connaissance, et les indigènes que nous avons consultés n'ont rien pu nous apprendre. Sans doute il serait téméraire de prétendre que le Japon manque absolument de manuels populaires ou d'ouvrages relatifs aux industries nationales ; mais, à notre avis, le pinceau a plus fait que la plume pour maintenir le goût et développer le talent des artisans.

Revenons à notre sujet.

L'art du potier, disions-nous, fut mis en pratique au Satsouma peu de temps après son introduction dans la province voisine du Fizen ; cette hypothèse s'appuie sur la tradition, qui s'accorde en général à fixer pour les deux pays une date commune à la fabrication. Ce qu'on donne aujourd'hui pour faïence de Satsouma n'est pas d'une haute antiquité : les plus anciens types que nous ayons examinés ne remontent pas, croyons-nous, à plus de deux cent cinquante ans.

Ces types (nous parlons de ceux qui ont passé en Angleterre et réputés authentiques) sont d'une fabrication assez sommaire. Un d'eux, appartenant au major Walter, est tout à fait l'opposé de ce que les collectionneurs imaginent sous le nom de faïence de Satsouma : d'une argile commune de couleur foncée, grossièrement modelé en façon de vannerie, il n'offre aucun indice quelconque de sentiment artistique, sauf l'effort d'une industrie naissante. Cette pièce, venue en droite ligne du Japon, a été cataloguée comme étant la plus vieille poterie du Satsouma, et âgée de plusieurs siècles ; il suffit de la voir pour lui assigner une antiquité reculée, car on n'y relève absolument rien qui la rattache aux magnifiques provenances de l'époque moderne. Un second type (collection Bowes) appartient à la poterie authentique du Satsouma, et, comme tel, est antérieur à l'introduction de la faïence à teinte crémeuse : c'est une espèce de cruche en grès brunâtre, sous demi-couverte, et qui, d'après une autorité indigène digne de confiance, devait faire partie des vases que les princes de Satsouma avaient jadis coutume d'offrir en présent, remplis d'un thé de choix, à la cour du mikado. Ces vases paraissent être très-recherchés ; celui dont nous parlons a reçu, probablement à une date postérieure, des ornements en laque, évidente preuve du prix qu'on y attachait, sans compter son mérite intrinsèque comme objet rare ou utile.

On peut sans exagération croire que de semblables pièces aient été fabriquées dans le Satsouma à une époque reculée. Cependant on se figure avec peine qu'un peuple aussi pratique et aussi ingénieux que les Japonais, occupant un pays qui abonde en productions minérales des plus variées, ait ignoré, à quelque période que ce soit de son histoire, les propriétés de l'argile cuite au four et les diverses façons d'en tirer un parti profitable. Nous ne pousserons pas plus loin ces observations ; il s'agit à présent de parler du Satsouma de la grande époque et de ses ouvrages en porcelaine tendre, décorée de fleurs, d'oiseaux, etc., dans un style plus artistique et plus délicat qu'on ne saurait le trouver hors du Japon.

On dit que vers l'an 1592 les Japonais débarquèrent en Corée, et qu'à son retour, un des chefs de l'armée d'invasion, Simadzou Yochi-hisa, prince de Satsouma, ramena un certain nombre de potiers du pays, renommés dans l'art de fabriquer la porcelaine, et qu'il les établit aux alentours de Kagosima. Les nouveaux venus, qui étaient accompagnés de leurs familles, procédèrent rapidement à leur installation et se mirent à l'œuvre. Après de nombreux essais sur les matériaux que leur offrait le voisinage, ils réussirent à produire une faïence dure, aujourd'hui connue sous le nom de *poterie de Satsouma*. Jusqu'à une date comparativement récente, les Coréens formèrent une colonie entièrement distincte du reste de la population, et gardèrent en conséquence presque exempts de mélange leur langage propre, leurs mœurs et coutumes nationales; il leur était interdit de s'allier aux Japonais et ils n'avaient point la jouissance complète des droits civils ni des privilèges de ces derniers. Leurs descendants relèvent aujourd'hui du gouvernement central, qui les traite à l'égal de ses autres sujets.

Il est extrêmement regrettable que l'absence d'un millésime quelconque sur les produits céramiques du Satsouma nous empêche de distinguer l'œuvre originale des Coréens; si nous connaissions avec certitude le point d'où ils sont partis, cela aiderait à distribuer leurs travaux en phases ou périodes successives. Que furent leurs premiers essais? Les croire imparfaits ou grossiers n'est pas admissible, car ils sortaient, on ne doit pas l'oublier, des mains d'ouvriers habiles, expérimentés, rompus à toutes les pratiques de la fabrication coréenne et chinoise. Le prince de Satsouma avait sans doute pris soin de les choisir entre les meilleurs; et comme leur subsistance dépendait de leur industrie, il s'ensuit qu'ils durent tout d'abord faire montre de tous leurs talents.

Depuis l'arrivée des captifs coréens (en réalité ils n'étaient pas autre chose), la banlieue de Kagosima n'a pas cessé d'être le siège principal de la céramique au Satsouma. Un auteur indigène nous apprend, à l'appui de ce fait, qu'on a établi il n'y a pas longtemps des ateliers dans la ville d'Hirasa; et qu'au village de Nawasirogawa, des descendants de l'ancienne colonie coréenne façonnent, en outre de la faïence ordinaire, une poterie presque noire; ils se sont rendus fameux par leurs pots à thé et par leurs vaisseaux réfractaires, qu'on désigne sous le nom de *Nawasirogawa yaki* (articles de Nawasirogawa).

Ce qu'on appelle plus particulièrement *faïence de Satsouma* est d'une nuance très-pâle, qui varie entre le blanc grisâtre et le vélin. Les vieilles pièces qu'un long usage n'a point ternies ont d'ordinaire une teinte mate; la pâte en est fort dure et serrée de grain, à ce point qu'elle peut passer pour une demi-porcelaine. L'argile qui a servi à la façonner, d'une nature très-réfractaire, est susceptible de résister, sous un feu vif, même à une fusion partielle. La couverte consiste en un vernis, composé de matières feldspathiques et de cendres de bois obtenues par lessive, mais sans addition de borax ni de plomb. Du séchoir le moule est porté au four: on l'amène, avec un demi-feu, à l'état de biscuit, puis on le plonge dans la barbotine, et on le cuit au grand feu. Sous l'action du refroidissement, une inégale contraction se produit, laquelle a pour résultat de couvrir la surface entière d'un mince réseau de fines craquelures. On s'est souvent demandé d'où venait la constante préférence que les Japonais accordaient au vernis craquelé, signe évident d'imperfection si l'on en juge d'après les idées européennes. Il n'y a pas lieu d'en être surpris : la supériorité de la surface brisée sur l'unie, en tant qu'elle sert de véhicule à la peinture décorative, sautera aux yeux de quiconque a un vrai sentiment de l'art. La craquelure d'un enduit mince et translucide offre à la lumière des angles d'incidence et de réfraction sans nombre; elle l'emmagasine pour ainsi dire, et gagne à la fois en intensité et en richesse de tons. Nous pouvons en toute assurance affirmer qu'il n'existe pas dans le domaine de la céramique de surface plus raffinée en traitement, ni mieux appropriée pour recevoir ou faire valoir une décoration peinte, que celle des beaux modèles du vieux Satsouma. En japonais, on nomme cette faïence *tsouchi-yaki* (ce qui signifie faïence ou poterie) pour la distinguer de la porcelaine.

La pâte diffère en qualité selon les ateliers. Ainsi celle des pièces primitives est d'une dureté intense, l'extérieur a l'apparence de l'ivoire, et la couverte, d'un vernis mou, est assez rudement craquelée; ces pièces sont habituellement décorées dans un genre à moitié chinois, ou plutôt le style est celui qui était le plus familier aux Coréens avant leur fusion avec les Japonais. Entre ces vieilles pièces et celles d'une époque plus rapprochée de nous, la pâte affecte tous les degrés de consistance et de fermeté : tantôt elle ressemble exactement à de la porcelaine, tantôt elle se rapproche du grès, tantôt enfin c'est de la véritable faïence.

Cette diversité ajoute à la difficulté de prononcer sur l'authenticité des types en renom de la faïence de Satsouma, difficulté qui s'accroît encore de leur extrême similitude avec beaucoup de provenances de Kioto. En certains cas, et s'il s'agit d'œuvres anciennes, il est impossible de formuler un jugement. Le genre d'ornementation est souvent d'un grand secours; mais ici il ne servirait pas à grand'chose, parce que, comme en toute autre branche de l'art, Kioto paraît avoir produit des ouvrages d'une ressemblance frappante avec ceux qui sortent des principaux ateliers de province.

Il est tout à fait probable que dès les anciens temps les artistes de Kioto dessinaient les modèles et que ceux de la province les reproduisaient ou y faisaient des emprunts; cela expliquerait la similitude des produits du Satsouma et de la cité impériale.

Un autre obstacle à une bonne classification céramique, c'est l'originalité de la décoration. Nous savons de bonne source qu'autrefois les fabriques de province avaient l'habitude d'envoyer leurs ouvrages à Kioto pour y recevoir le décor; et il ne serait pas étonnant que de nombreuses pièces de cette faïence coréenne, si fort prisée par tout l'empire, eussent suivi le même chemin. Les collectionneurs de l'Europe possèdent un grand nombre de spécimens japonais qui ont beaucoup d'analogie avec les faïences originales de Satsouma, mais dont la peinture accuse l'influence ou le style de Kioto. Parmi les plus remarquables nous rappellerons ceux qui ont reçu des motifs religieux, tels que le superbe vase de la planche XV, appartenant au maire de Liverpool, M. Barclay Walter. La faïence de ce vase a été évidemment façonnée au Satsouma; quant au décor, il est identique, sous le rapport du style et du fini, avec le Kioto authentique. Une telle union fait la force; et dans une pièce de cette valeur nous pouvons reconnaître le meilleur essai de poterie provinciale joint au plus haut degré de talent qu'on pût alors exiger des artistes de la première cité de l'empire.

L'ignorance des marchands de l'Europe et l'inexactitude de nos commissionnaires au Japon n'ont pas peu contribué à égarer l'opinion publique en Occident sur les produits céramiques du pays. Que les marchands manquent de connaissances, cela ne nous surprend pas; mais comment se rendre compte des erreurs, aussi nombreuses qu'énormes, commises par des agents étrangers qui opèrent sur les lieux mêmes ? En voici un exemple : à maintes reprises, il a passé entre nos mains une grande quantité d'articles modernes de Kioto, de la fabrique d'un potier vivant bien connu, et qui portent sa marque imprimée; ils étaient facturés pour l'Angleterre comme faïence de Satsouma, et vendus pour tels en ce pays. La seule manière satisfaisante d'expliquer un si grossier malentendu est celle-ci : les marchands du Japon, sachant la haute estime dont jouit le Satsouma et l'inexpérience des acheteurs à ce sujet, s'approvisionnent d'articles inférieurs qu'ils se procurent par commande expresse ou autrement, et en font livraison sous la rubrique à la mode.

Le Kioto moderne dont nous venons de parler se distingue aisément de la faïence de Satsouma. D'abord la teinte en est d'un chamois plein, la pâte légère, poreuse et sous couverte d'un brillant vernis craquelé. La nature dure et pierreuse, c'est-à-dire le caractère demi-porcelaine, de la pâte originaire du Satsouma fait entièrement défaut à l'imitation de Kioto. Ensuite celle-ci n'est pas toujours marquée; toutes les pièces, évidemment destinées à la contrefaçon, sont, comme le vrai Satsouma, privées de marque. Pour des détails plus complets sur cette fabrication contemporaine, nous devons renvoyer le lecteur au chapitre qui traite spécialement de Kioto.

Une autre imitation de la faïence de Satsouma a été, durant ces dernières années, fabriquée à Ota, faubourg de Yokohama, par un potier nommé Ko-zan, et quelquefois l'on trouve sa marque imprimée dans un cartouche en forme de gourde. Cette marchandise a sans doute été produite pour satisfaire aux demandes de Satsouma. La pâte n'est pas si parfaite qu'elle puisse tromper un amateur expérimenté; mais, en général, elle ressemble pour l'apparence au Satsouma original. Moins dure et moins pierreuse, elle est en conséquence plus sensible au choc ou plus facilement rayée par une pointe d'acier; elle est aussi plus blanche et craquelée avec moins de régularité.

On peut classer le décor du Satsouma en quatre groupes. Au premier se rattachent les motifs simples, probablement reproduits d'après les travaux chinois ou coréens ; ce sont les plus anciens, et l'on en voit rarement. Le second groupe comprend les sujets à figures, religieux ou légendaires, les paysages et les animaux, peints d'ordinaire en émaux riches et d'un ton tranquille, avec une intelligente distribution de l'or, qui produit d'harmonieux effets. Ce style a des analogies frappantes avec celui des belles pièces de Kioto; aussi ne sommes-nous pas éloignés de croire que beaucoup de faïences de Satsouma portant des scènes à figures ont été peintes par des artistes de Kioto ou d'après leurs modèles. Dans le troisième groupe nous rangerons les ouvrages à médaillons et à dessins géométriques ou de fantaisie, ouvrages minutieusement exécutés, d'un coloris chatoyant, et avec une profusion d'or, mat et bruni à la fois. Le quatrième enfin se distingue par les fleurs et les oiseaux ; ce genre, le plus commun de tous, et qu'on croyait autrefois particulier au Satsouma, est répandu dans tout le domaine de la céramique japonaise.

9

Dans l'époque moyenne, les motifs floraux sont traités avec beaucoup d'indépendance, sans trop de détails et finement touchés ; les couleurs sont pâles et se marient souvent à un émail d'un rouge sombre. Dans les ouvrages postérieurs ces motifs se compliquent de plus en plus, et l'on y emploie des couleurs d'une richesse intense.

Il ne faudrait pas conclure de notre essai de classification à la diversité habituelle des genres, car c'est loin d'être le cas ; on rencontre, au contraire, continuellement de nombreux exemples de transition, où se combinent deux ou trois des procédés indiqués ci-dessus avec la verve originale des artistes indigènes.

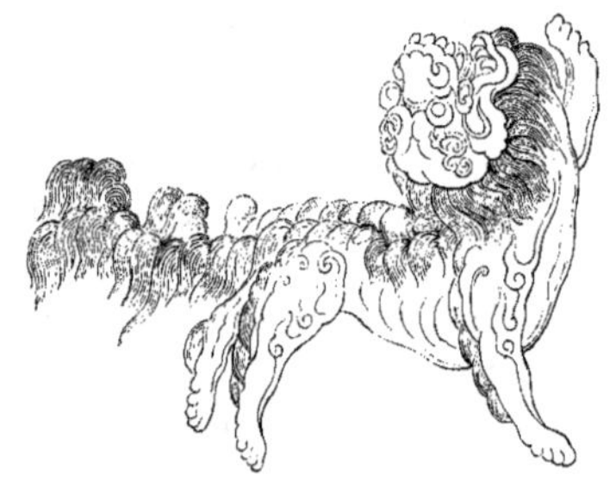

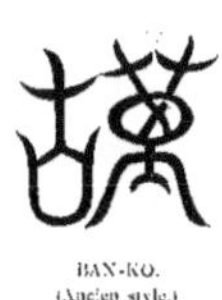

BAN-KO.
(Ancien style.)

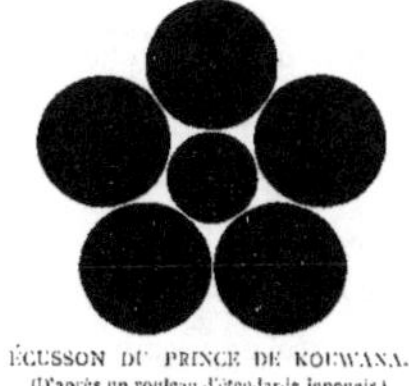

ÉCUSSON DU PRINCE DE KOUWANA.
(D'après un rouleau d'étendards japonais.)

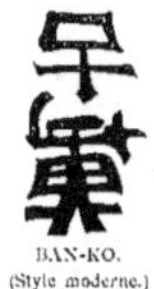

BAN-KO.
(Style moderne.)

FABRIQUE D'ISI.

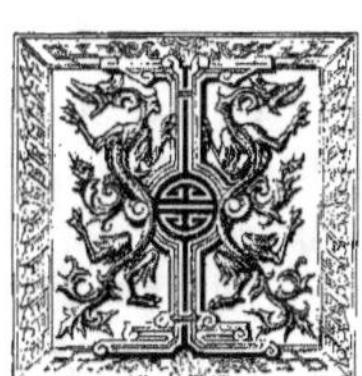

si (*I-chi*), province située au nord de la baie d'Owari, confine à la grande province porcelainière du même nom.

Les fabriques d'Isi produisent plusieurs variétés de porcelaine, de faïence et de poterie de grès; il y a même des grès qui comptent au nombre des produits les plus caractéristiques de la céramique japonaise.

Nous parlerons tout d'abord du plus considérable et du plus renommé de ces établissements, désigné d'ordinaire sous le nom de *Banko*. Il règne quelque peu d'incertitude sur l'origine de ce nom, qu'on croit en général être celui de son premier propriétaire. *Banko* signifie mot à mot : âgé de dix mille ans (*ban*, dix mille; *ko*, vieux ou âgé). Certains toutefois continuent à prétendre que le nom se rapporte au produit même, que sa dureté extrême et sa vitrification parfaite mettent, pour ainsi dire, hors des atteintes du temps. Tout bien considéré, la valeur de cet argument nous paraît faible, et notre avis est que Banko est plutôt un nom propre, celui du fondateur des ateliers.

D'après une source indigène, le *Banko yaki* (terre brûlée de Banko) fut d'abord fabriqué à Kouwana; on le fait à présent dans cette localité et à Yokka-itchi. Le rapport sur les envois du Japon à l'Exposition universelle de Philadelphie en 1876 mentionne Chitomi-Sohaï et Y-Mori, de Yokka-itchi, ainsi que Nakayama, de Kouwana, parmi les exposants. Aujourd'hui la ville de Yokka-itchi est, selon un document japonais, le principal siège de cette fabrication.

Le *Banko yaki* est une poterie de grès dur, habituellement empotée à la main (c'est-à-dire non façonnée à la roue ni au moule) et cuite à grand feu. Les pièces qu'on a vues en Occident, de même que celles qui figuraient à Philadelphie, sont de petites dimensions et sous forme de boîtes à thé. La pâte, de couleurs diverses, telles que des bruns ou des rouges pâles, est pétrie avec les doigts, et finie sans couverte, la complète vitrification qui s'opère au four rendant inutile l'apposition d'un vernis. En mélangeant des pâtes de nuances différentes, on obtient une variété jaspée ou mouchetée, variété qu'on nomme en japonais *mokou-mi* (bois madré). Quelques articles de Banko contiennent, à travers des ouvertures pratiquées dans l'épaisseur de la pièce, des plaques de porcelaine, ce qui permet fréquemment de les accompagner d'inscriptions. Le degré de ténuité auquel on est parvenu à réduire cette pâte est vraiment remarquable; alors même qu'elle est presque aussi mince qu'une carte à jouer, elle possède une solidité et une force de résistance peu ordinaires. Dans les boîtes à thé nous avons remarqué des formes ingénieuses, qui indiquent un habile tour de main et des matériaux d'une rare souplesse : les plus communes ont des anses délicatement pratiquées, des chaînes légères à plusieurs mailles et des boutons qui tournent dans leurs alvéoles.

Le trait principal du *Banko yaki* consiste en une décoration particulière faite au moyen de nombreux sceaux ou marques d'estampille. Presque chaque pièce en porte deux, et souvent plus. Une petite boîte à thé, par exemple, fabriquée par Mori, de Yokka-itchi (collection Bowes), a quinze empreintes, parmi lesquelles quatre pour le mot *banko*, en façons différentes; cinq pour exprimer *sen-chiou* (mille années); une pour la famille Mori (*Mori-oudji*) et une pour le Japon (*Nippon*).

Quant aux marques peintes, cette industrie y a fort rarement recours; nous n'en avons constaté qu'un seul exemple, consacré à reproduire le mot *banko*. On rencontre aussi des souhaits de bonheur et de longue vie exprimés en devises.

Comme nous l'avons dit, la façon est très-soignée et parfois originale, surtout dans les anses, que figurent souvent des tiges de bambou recourbées ou tordues, sur lesquelles sont penchés de petits oiseaux. L'arabesque est un des éléments favoris du décor. On verra du reste plusieurs modes de ce traitement sur la planche XXV.

Outre les empreintes, la variété Banko reçoit à l'occasion des fleurs et des oiseaux peints, et des personnages en émaux opaques d'un haut relief; mais ce genre de décor ne s'accorde pas avec le faire habituel de la fabrique, qui s'accommode mieux de charger la faïence commune de couleurs voyantes.

Nous avons dit plus haut que la poterie de Banko n'était point vernie; c'est la règle, il est vrai, mais il y a des exceptions, de facture moderne assurément, où l'on remarque l'application du vernis et aussi des émaux cloisonnés.

La faïence d'Isi est très-inférieure à celle de Satsouma ou de Kioto, sous le double rapport des matériaux et du traitement artistique. En général, elle est rouge ou brune, couverte d'un vernis blanchâtre demi-transparent, qui lui donne un ton gris, avec des fleurs et des figures peintes en émaux très-épais et d'un relief accusé. Beaucoup de spécimens de cette faïence ont passé en Europe sous forme d'assiettes, de cruchons, de bols à couvercle, etc.; mais, comme ils ne se recommandaient ni par le sentiment artistique ni par le choix des couleurs, ils n'ont pas attiré l'attention des amateurs. Il y en a de bons modèles sur la planche XXIV.

Sous le nom d'*articles Banko de Yeddo*, l'on connaît une faïence moins dure, de couleur claire et décorée de plusieurs façons. Un spécimen remarquable (*voy*. planche XXIV), apporté en Angleterre comme du Satsouma, a été assimilé à la provenance Banko, en le comparant avec une pièce marquée de cette origine; il a été probablement fabriqué à Yeddo. C'est une boîte fermée, ne portant pas moins, outre les armoiries d'un *daïmio*, de seize devises peintes, dont le sens paraît limité à des vœux de longue vie et de fortune. Au musée de Kensington, à Londres, dans le compartiment céramique organisé par les soins du gouvernement japonais, il y a des exemples de cette espèce de faïence, et elle y est dénommée : « *Banko de Yeddo*, exécuté par Banko Kitchiaï, à Koummouninoura, près Tokio (Yeddo), en l'an 1699 ». A ce propos, nous devons prémunir le lecteur contre les dates assignées aux nombreuses pièces de ce compartiment; dans l'état d'incertitude où nous sommes sur les vicissitudes de l'ancienne industrie céramique, on ne doit accepter ces dates si précises qu'avec une extrême réserve.

Aucune autre poterie d'Isi ne nous semble digne d'attention. Cette province a, dit-on, fabriqué aussi de la porcelaine commune; mais elle y a renoncé à cause du voisinage d'Owari, qui fournit à tous les besoins du marché.

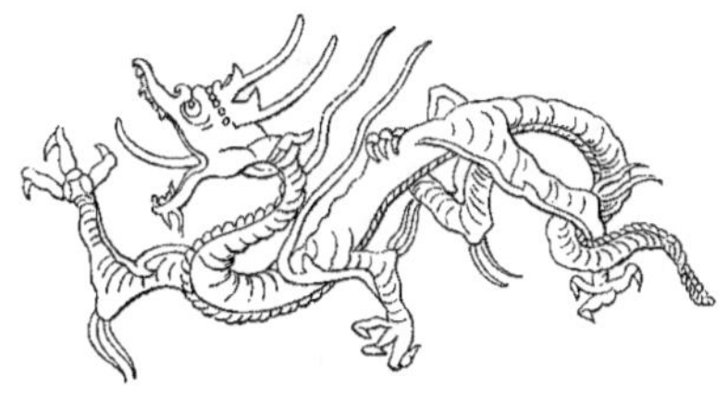

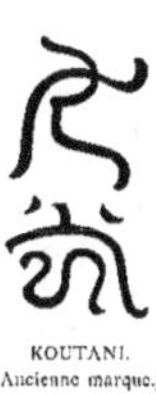

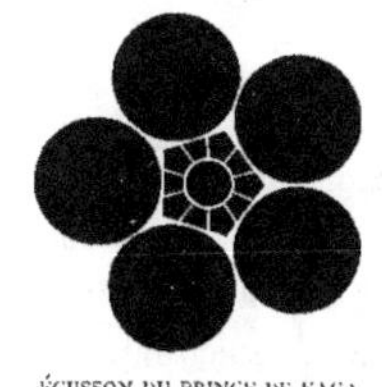

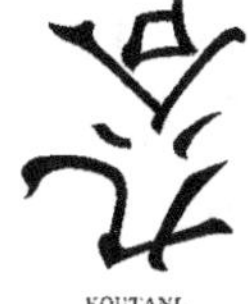

FABRIQUE DE KAGA.

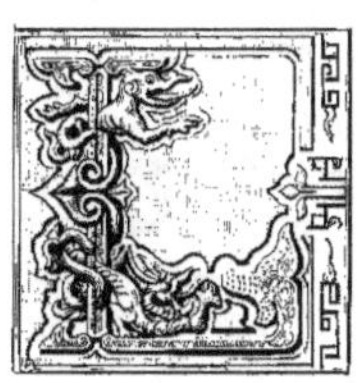

ES provinces d'Isi et d'Owari ont pour limitrophe au nord celle de Kaga, dans une position assez centrale, le long de la côte nord-est de la grande île de Nippon.

De temps immémorial, Kaga paraît avoir été le siège de poteries importantes, et jusqu'à nos jours elles ont continué, dans plus d'un district, à travailler activement; mais aucun document digne de foi ne nous renseigne sur les commencements de cette industrie. La province a pour cités principales Kanasawa et Daïkhodji; le port de mer par où s'écoulent surtout ses marchandises est Mi-iano-kochi; toutefois il n'y a, à ce qu'il semble, de poteries dans aucune de ces villes.

Plusieurs localités fabriquent la faïence et la porcelaine; or, à en juger d'après le fait que presque toutes les provenances de Kaga portent la marque de Koutani, il faudrait placer au premier rang l'endroit désigné sous ce nom. Koutani, en japonais, signifie littéralement *les neuf vallées*, et s'applique à une partie de la province située dans le sud, au milieu d'un massif de montagnes, qui ne figure pas sur nos cartes, mais dont Kæmpfer a exactement indiqué la position sur la sienne. Bien que toutes les meilleures pièces de Kaga (celles du moins qui ont passé sous nos yeux) soient, à peu d'exceptions près, estampillées des deux caractères formant le mot *Kou-tani*, l'on n'a point de motifs de supposer que l'industrie céramique soit absolument restreinte à ce coin de pays. Ajoutons cependant que, selon un rapport officiel, cette industrie, jadis exclusivement confinée à Koutani, et en particulier dans la ville de ce nom, est aujourd'hui pratiquée par les villes de Teraï et de Yamassiro.

On rencontre dans les plus beaux modèles de l'ancienne fabrique plusieurs espèces de pâte : les unes semblent se rapprocher de la faïence par la douceur du ton et la craquelure du vernis, les autres ont de l'analogie avec la porcelaine par la blancheur du grain et le vernis non craquelé. Naturellement il est question ici des vieilles pièces expédiées en Europe par l'intermédiaire des commissaires du Siogoun pour l'Exposition universelle de Paris en 1867. Depuis lors bien peu d'œuvres typiques sont venues du Japon, et, pour l'heure présente, nous sommes autorisés à dire que de tous les produits de la céramique japonaise le vieux Kaga est le plus rare, et qu'on en trouve difficilement. C'est en 1867 que la plupart des pièces de cette provenance, qui formaient assurément le joyau de la section de céramique, allèrent enrichir les collections particulières.

Parmi celles qui ont depuis été acquises en Angleterre comme d'inestimables trésors, on doit citer le splendide bol à personnages (*voy*. planche XXVII), acheté par le duc d'Édimbourg durant sa visite au Japon, et un plat, qui fait partie de la collection Bowes (*voy*. planche XXX). Ce plat, large et creux, en demi-faïence, et d'une fabrication grossière qui dénote son ancienneté, est décoré de figures archaïques et d'ornements de convention, tout en rouge sombre, sans nulle trace d'or ni de métal. Vouloir assigner des dates précises aux ouvrages artistiques du Japon est, nous l'avons déjà dit, une tâche ardue, que nous ne conseillons d'essayer à personne, au moins dans l'état présent des matériaux historiques; toutefois, nous ne craignons pas de nous tromper en affirmant que le plat en question remonte à plusieurs siècles en arrière, et qu'il a été fait longtemps avant que les potiers de Koutani songeassent à perfectionner les pâtes de leur porcelaine ou à marier de riches rehauts d'or à leur rouge favori. Ses dimensions et le genre du décor s'opposent à ce qu'on lui attribue une origine trop reculée; celui qui l'a fait n'était pas un apprenti en son art, et il disposait d'un outillage assez perfectionné pour arriver à produire une œuvre de cette grandeur et de cette excellence. Elle représente dans la fabrique de Kaga un type de la première époque, et, autant que nous en pouvons juger, l'unique de son espèce en Europe. S'il s'en trouvait d'autres (et probablement elles n'auraient pas de marque), les collectionneurs, à l'aide de notre exacte reproduction et de ces quelques éclaircissements, seraient à même de les identifier.

Entre la période archaïque dont nous venons de parler et celle qui a donné naissance aux belles pièces de l'Exposition de Paris, nous n'avons, faute de preuves, aucun moyen de constater les progrès intermédiaires.

Cette dernière époque se recommande surtout par l'ébauchage et le décor. Les pâtes sont dures et tiennent le milieu entre la faïence et la porcelaine, parfois se rapprochant tantôt de celle-ci tantôt de celle-là. Les pièces de choix ont le ton de l'ivoire; le vernis en est doux à l'œil et à la main. L'ornementation est exécutée au moyen d'un rouge singulièrement vigoureux et raffiné, avec de légères touches d'or. Ce mot ne sert ici qu'à exprimer d'une façon claire l'apparence d'une application métallique; car il ne s'agit pas d'or vrai, ainsi que le prouve la ternissure graduelle de la surface. On n'est pas fixé au juste sur cette matière, mais ce doit être, selon toute probabilité, l'un des alliages de cuivre ou de bronze jaune, dans la fabrication desquels les fondeurs japonais se sont, à bon droit, rendus fameux. Au rebours de la vraie dorure, on a recours au feu pour appliquer ce mélange, qui est exposé, sans trop d'altération, à un frottement continu. Or, c'est un fait bien connu des amateurs que l'or des faïences de Satsouma et de Kioto est très sensible, et qu'il ne résiste point à un contact rude ou grossier.

Le Kaga supérieur de l'ancienne époque est d'une rareté extrême; il ne s'obtient pas actuellement sur le marché.

Le genre qui vient ensuite, ce qu'on pourrait désigner sous le nom d'époque moyenne, diffère du précédent pour la qualité ou la variété de la pâte, laquelle est dure et d'un grain serré, presque semblable à de la porcelaine parfaite, mais sans aucun des caractères translucides qui ajoutent tant de prix à des œuvres plus récentes. C'est à cette époque qu'appartenaient le plus grand nombre des pièces exposées, en 1867, à Paris. La décoration en est faite dans un rouge foncé d'un ton nourri, tirant, en certains cas, sur le brun rouge, et richement rehaussé d'or; elle offre beaucoup de diversité, malgré la monotonie qui résulte de l'emploi constant de ces deux couleurs. Médaillons superposés de formes multiples, encadrant des scènes à figures, des paysages et des motifs de fleurs; bandes remplies de personnages ou de compartiments variés; dragons enroulés sur des fonds en spirale, d'un travail minutieux; poissons et plantes marines sur des fonds réticulés; dessins de convention, dessins géométriques, telles sont les compositions les plus fréquentes de cette époque. On relève aussi les médaillons de solides fonds rouges en arabesques ou jaspés d'or, et une guirlande de feuillage entoure presque toujours le pied des bols et des tasses.

Arrivons maintenant à la dernière époque de cette fabrique, époque supérieure sous le rapport des procédés matériels, mais dont le traitement artistique porte des preuves incontestables de décadence. Les décors rouge et or ne ressortent pas avec autant de fondu et de délicatesse sur l'extrême poli des surfaces en pâte blanche que sur les vieux fonds à nuance d'ivoire, et c'est probablement le motif qui a décidé les artistes de Kaga à y joindre une couleur de plus, un brun chaud, qui se montre pour la première fois dans les ouvrages nouveaux. Ce ton brun contribue évidemment à atténuer l'effet violent et trop cru du rouge sur le blanc pur; mais, d'autre part, il détruit la merveilleuse richesse qu'on obtenait de l'usage du rouge foncé et de l'or sur les pâtes à ton chaud. Une habileté rare et une exactitude minutieuse caractérisent en général les compositions de cette époque. Souvent on a recours au pointillé en vue d'adoucir la crudité des fonds blancs, procédé déjà employé dans quelques pièces anciennes.

En outre, il s'est produit un nouveau genre de décoration : il consiste en un fond rouge semé d'arabesques d'or, qui ressemble, pour le style, aux fameux ouvrages de Yéirakou, de Kioto. Un membre de cette famille alla s'établir au Kaga il y a une vingtaine d'années, et c'est sans doute à lui qu'il faut attribuer cette innovation. De temps en temps, on voit des pièces, dont la marque signifie : *Fait à Koutani, d'après la mode de Yéirakou.*

Nous inclinons à croire que les articles de porcelaine fabriqués dans les autres parties de la province sont envoyés aux ateliers de Kaga pour y recevoir le décor; cela ne fait pas doute pour les belles qualités modernes marquées du nom de Koutani, et parfois de celui du peintre. Signalons aussi des coquilles d'œuf décorées au Kaga, rarement remarquables, et qui, selon nous, doivent venir du Fizen.

Jusqu'à présent nous avons, pour plus de clarté, borné nos observations aux pièces décorées en rouge et or, signe caractéristique des provenances de Kaga. Il reste à donner quelques détails sur ce que nous avons désigné ailleurs du nom de *porcelaine polychrome,* terme qui explique d'une manière précise le genre de décor, car il diffère du précédent surtout par le nombre et la variété des émaux employés. Quant à affirmer qu'aucun des spécimens qui aient passé sous nos yeux du Kaga polychrome puisse être rangé dans une époque identique à celle du grand plat de la planche XXX, telle n'est pas notre intention; mais qu'à une date reculée un semblable procédé ait été en usage à Koutani, il n'y a nulle raison d'en douter. Ainsi les trois pièces de la planche XXVIII peuvent, sans contredit, être attribuées à la plus ancienne époque des porcelaines rouge et or qui aient figuré à l'Exposition de 1867, à Paris, tandis que celles de la planche XXIX, un peu moins vieilles, se classeront dans la période moyenne. Ces pièces ont été décrites dans les légendes qui accompagnent les planches.

On remarque, dans cette variété de la fabrique de Kaga, un grand sens artistique, ainsi qu'une extrême délicatesse et une richesse bien entendue dans le maniement des tons neutres. Les pâtes en usage sont de la nature du grès, chauffées à un feu modéré et revêtues de vernis feldspathiques. On y incruste les émaux à une grande profondeur, et l'on en obtient des rehauts qui contrastent très-heureusement avec la peinture plate. Il est facile de s'en assurer en se reportant à ce même plat de la planche XXX, lequel, pris d'ensemble, offre un parfait modèle du style polychrome, en même temps que de l'adroite combinaison de ses divers traitements. L'examen des planches XXVIII, XXIX et XXXI complétera cette étude mieux que ne saurait le faire une description détaillée.

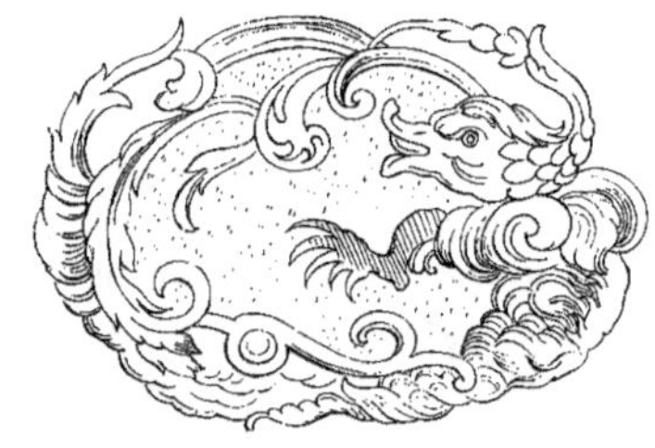

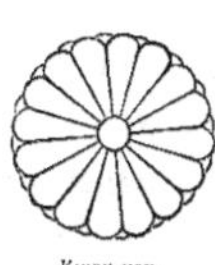

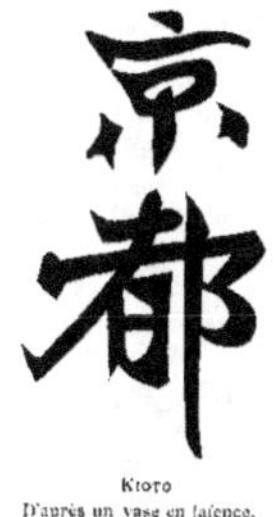

FABRIQUE DE KIOTO.

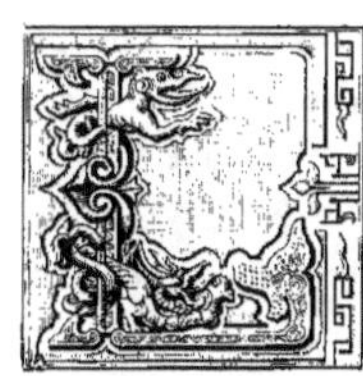

A cité des mikados, pour quiconque étudie l'art oriental, doit s'envelopper d'un charme particulier; c'est là surtout qu'il faut concentrer l'intérêt, car c'est de là qu'a rayonné l'inspiration poétique, qui a servi de base à l'art national. En adoptant ce point de vue, nous ne faisons que suivre l'opinion des Japonais : ils regardent, en effet, Kioto comme un foyer d'où partent les grandes initiatives et autour duquel tout doit se mouvoir dans l'ordre général des choses. Le voyageur Kæmpfer, il y a deux cents ans, parlait de la ville impériale, en termes qui prouvent clairement qu'elle était alors le cœur même du pays, remplie d'activité et d'initiative, et qu'elle répandait de tous côtés ses idées et ses inventions. Il y avait, dans chaque rue, à peine une maison où l'on ne trouvât quelque chose à acheter ou à vendre. C'était à la fois un immense atelier de fabrication et le marché par excellence. Cette situation, constatée par Kæmpfer, durait depuis des siècles; elle s'est maintenue jusqu'à nos jours.

Une description complète des travaux artistiques à Kioto serait équivalente à un traité général de l'art au Japon; et, si l'on voulait s'étendre dans une juste proportion sur son industrie céramique, il y aurait peu de chose à dire du développement qu'elle a pris ailleurs. Par malheur, nous n'avons pas une connaissance suffisante des trésors artistiques de cette capitale, qui n'est devenue accessible aux Européens qu'à une date très-récente, et aucun ouvrage indigène, s'il en existe toutefois, ne nous a fourni de renseignements là-dessus.

A propos de Kioto, nous avons fait remarquer, dans l'Introduction, que les fabriques devaient, au moyen âge, y être petites et multipliées, tout au rebours de celles du Fizen. On s'attendrait à rencontrer chez les ouvriers de cette ville autant d'artistes de premier ordre, capables de créer, selon le caprice du jour, des chefs-d'œuvre de goût et de richesse, et rivalisant à l'envi d'imagination, de fantaisie et de savoir-faire. Tel était sans doute l'état des céramistes il y a deux ou trois siècles; mais il a bien changé dans l'époque actuelle, depuis que le mikado a transporté sa résidence à Yédo et que le pays a été ouvert à l'influence occidentale.

Il est constant qu'au Japon l'art du potier a eu l'un de ses centres les plus anciens à Kioto. Là, comme partout ailleurs, les artisans commencèrent à travailler l'argile, et leurs premiers essais furent des ustensiles domestiques; mais, dans la résidence de la cour impériale, au siége de la religion, de la philosophie et des arts, ils ne durent pas se borner à des objets vulgaires, et il est probable qu'on recourut à eux pour embellir d'œuvres raffinées les cérémonies de la cour et des temples. S'il en fut ainsi, l'on s'est donné peu de peine, il faut l'avouer, pour en conserver les traces au palais du mikado.

D'après les lois religieuses, ce monarque, sur lequel il était à peine permis d'arrêter les yeux, ne devait jamais manger ou boire deux fois de suite dans le même vase, et celui dont il venait de se servir était immédiatement brisé. Au sujet de cette coutume, Kæmpfer s'exprime comme il suit : « Ses aliments doivent être placés chaque fois dans des vaisseaux « neufs, et servis à table sur des plats neufs; les uns et les autres purs et nets, mais d'une « argile commune, de sorte que, sans beaucoup de frais, ils peuvent être mis de côté ou « cassés, après avoir servi une seule fois. En général, on les casse de peur qu'ils ne tombent « entre les mains des laïques, car c'est une croyance enracinée que si quelque laïque venait « à manger dans cette vaisselle sacrée, il se mettrait le feu à la bouche et dans la « poitrine. »

Quoique cette coutume régnât à la cour du daïri, rien ne fait supposer qu'elle était commune aux nobles et qu'ils poussaient l'extravagance jusque-là, ou l'humilité jusqu'à n'avoir sur leurs tables que les vaisseaux les plus grossiers. L'histoire nous fournit de nombreux exemples où l'on voit d'opulents seigneurs rivaliser de luxe et de magnificence avec la cour et les souverains, et les surpasser même; et ce devait être évidemment un cas fréquent à Kioto, en dépit des lois somptuaires ou du cérémonial prescrit. Des habitudes semblables à celles qui étaient en vigueur à la cour du mikado paraissent avoir été suivies chez d'autres peuples. Voici, à cet égard, un curieux passage tiré de l'*Histoire de la conquête du Pérou*, par W. Prescott : « Aucun vêtement ou ustensile ayant une fois touché la personne du monarque « péruvien ne pouvait appartenir à nul autre. Dès qu'on le mettait au rebut, il était soigneu- « sement déposé dans un coffre spécial et ensuite livré aux flammes. On eût regardé comme « un sacrilège d'appliquer, à des besoins vulgaires, ce qui avait été consacré par l'attouchement « d'un Inca. »

Malgré l'ordre formel de briser toute la vaisselle du mikado au fur et à mesure qu'il s'en était servi, malgré les superstitions populaires sur le sort réservé au malheureux qui en aurait, après lui, approché ses lèvres, quelques pièces ont échappé à la destruction et ont passé, comme autant de reliques, entre les mains de ceux qui traitaient leur prince de Fils du ciel.

Kæmpfer, qui, lors de son voyage à Kioto, vit sans doute le service de la table impériale, affirme qu'il était pur et net, mais d'une argile commune; il n'entre pas, toutefois, dans de plus longs détails. En réalité, nous sommes en défaut à ce sujet, et réduits à chercher à tâtons dans la céramique japonaise les objets qui ont pu faire partie de la vaisselle impériale. En l'absence de documents authentiques, il convient de se montrer réservé; cependant, à notre avis, les recherches auxquelles nous nous sommes livrés n'ont pas été tout à fait infructueuses. Par exemple, nous avons découvert dans la collection Bowes deux petits flacons à *saki*, en argile commune, d'un galbe pur et décorés simplement du *kikou* impérial, esquissé en noir ; ils ont dû appartenir au service de table du mikado. Comme nous avons eu la preuve que c'étaient des articles de Kioto et que nous n'avons depuis rencontré aucune autre pièce de fabrication semblable, notre hypothèse semble justifiée.

La province de Yama-chiro, dans laquelle se trouve Kioto, faisait partie des cinq provinces qui, d'après l'histoire, fabriquaient de la poterie dès le v siècle; les quatre autres étaient Sé-tsou, Tamba, Ta-djima et Isi. C'est dans cette dernière que naquit Gorodayou Chonsoui, qui introduisit au Japon l'art de faire de la porcelaine pure. Il fit un voyage en Chine afin d'y acquérir la connaissance de cette industrie, et, de retour dans son pays entre les années 1510 et 1513, il s'établit au Fizen. Il réussit à y produire les différentes variétés de porcelaine qui forment encore le commerce régulier de cette province, et connues sous les dénominations suivantes : *Sometsouki*, décor en bleu, verni; *Hibi-yaki*, articles craquelés; *Séidji-yaki*, céladon; *Nichikidi* ou bien *Gosaï*, décor à cinq couleurs sur vernis : c'est encore aujourd'hui ce dernier genre qui est le plus ordinaire parmi les provenances du Fizen.

Vers 1650, cette fabrication commença à Kioto. A cette époque, Nomonoura Ninséi vint se fixer dans cette ville et bâtit des fours sur plusieurs points de la banlieue. Il fit usage de l'argile exploitée aux environs, notamment à Chigaraki (province d'Omi), et il fonda aussi la fabrique de faïence d'Awata, district situé à l'est de Kioto. Les œuvres de Ninséi tiennent la première place dans la poterie japonaise. Les rares spécimens connus en Europe sont de petites dimensions et sous forme de tasses à thé, de boîtes et autres menus objets employés soit dans les réunions du *Chanoyou*, soit à mettre de l'encens ou des parfums. Il y a dans la collection Bowes une cassolette en faïence, sous un vernis noir qui ressemble à du cuir, et surmontée de deux armoiries impériales, en émail blanc liséré d'or; et une tasse à thé, également en faïence, à demi vernie, et avec des dessins géométriques en émaux de couleur. D'autres pièces du même genre figurent dans l'intéressante collection de poterie offerte par M. A.-W. Franks au musée Britannique, ainsi que dans le musée de South Kensington.

Il existe d'habiles imitations des articles de Ninséi, faites dans la première moitié du xviii siècle par Chisoui Kenzan, au four de Naroutaki; elles sont fort prisées des Japonais en même temps que des *Chadjin*, sortes d'experts dont nous parlerons tout à l'heure. Les imitations modernes ne manquent pas non plus, principalement sous forme de tasses à thé avec un cran au bord du pied. Celles-ci, d'un rouge brun, partiellement vernies, sont décorées de nombreuses figures, représentant soit des groupes d'anciens philosophes, soit des troupes d'enfants roulant une grosse boule de neige. Toutes les poteries de cette espèce portant la marque imprimée de Ninséi sont des contrefaçons modernes, destinées à l'exportation, surtout celles à personnages.

Un autre habile potier, du nom d'Ameya, originaire de la Corée, s'établit à Kioto en

1550 et créa la fabrication des articles dits *Rakou*; si elle n'a rien de beau par elle-même, elle présente un grand intérêt parce qu'elle est mêlée à la cérémonie du *Chanoyou* (partie de thé), qui est une des coutumes les plus caractéristiques du Japon. Bien que nous en ayons parlé en passant dans l'Introduction, nous croyons devoir l'exposer en détail d'après un rapport publié par le gouvernement.

De temps immémorial, le thé a été tenu en haute estime au Japon à cause de son influence bienfaisante sur l'esprit et le corps de l'homme, et il y devint bientôt une des nécessités de la vie non moins que l'accessoire indispensable de toute réunion amicale. C'est dans chaque maison la première chose qui soit offerte au visiteur; du matin au soir, on se tient en mesure de le préparer. N'ayant point de propriétés enivrantes, il constitue la boisson la plus convenable à toute société paisible, qui se plaît aux douceurs d'une conversation calme et intime. Cela étant, on peut dire que l'influence du thé s'est même exercée dans l'histoire, à en juger d'après la cérémonie du *Chanoyou*.

Le siogoun Yosi-Massa, qui exerça le pouvoir depuis 1443 jusqu'en 1473, ayant réussi à pacifier le pays, institua la coutume des réunions amicales et donna des règles fixes touchant l'étiquette qui devait y être observée, afin d'éviter toute agitation et d'amener les gens à former entre eux des relations d'intimité. Un peu plus tard, cette coutume reçut de chaleureux encouragements de la part d'Hidiochi, autrement appelé Taïko Sama, qui vécut de 1536 à 1598; son ami personnel Ri-kiou amenda les règles anciennes et prescrivit le cérémonial qui s'est maintenu jusqu'à nous.

Dans le principe, ces réunions avaient lieu sous une vérandah, en quelque coin retiré d'un jardin; l'endroit où s'asseyaient les invités était entouré de paravents. Le nombre des assistants était limité à cinq, qui est un nombre divin, et l'espace qu'ils occupaient, à trois trois nattes, longues de 6 pieds chacune sur 3 de large. Par la suite, des chambres particulières d'égales dimensions, ou des parties réservées dans de grandes salles, reçurent une destination semblable. Un jardinet, arrangé autant que possible en manière de paysage naturel, et donnant l'impression de la tranquillité et de la retraite, sert invariablement de cadre à la cérémonie.

Les hôtes une fois assemblés, aucun bruit ne doit plus se faire entendre au logis; les domestiques sont envoyés au dehors, et le maître en personne sert ses hôtes et prépare le thé. Point d'ornements dans la chambre, à l'exception d'un rouleau de soie accroché au mur et qui porte une sentence morale écrite en gros caractères. Les hôtes quittent leurs sabres avant d'entrer, et, après leur avoir souhaité la bienvenue, le maître apporte tout ce qui est nécessaire, le sac à charbon, le réchaud, la bouilloire, etc. Pendant qu'il fait infuser le thé dans l'eau qu'on a fait bouillir la veille, il est permis aux hôtes d'examiner les accessoires, entre autres la cassolette contenant les parfums qui doivent être jetés sur le feu, les tasses, etc., objets qui ont souvent été donnés à leur propriétaire en récompense d'une action méritoire.

Le thé dont on fait usage est en poudre, et l'infusion en est de deux sortes, claire et épaisse. Les tasses sont en poterie commune; on prisait beaucoup une vieille faïence importée de

Manille ou de Siam, et l'on en fabriquait des services spéciaux, dits *rakou*. On les emploie
encore à présent, et les étrangers s'étonnent souvent de rencontrer dans les boutiques ces
articles grossiers, enveloppés de riches étoffes de soie et renfermés dans de magnifiques
boîtes. Quand le breuvage épais est servi, la tasse circule de main en main à la ronde, et
chacun des invités y boit de façon qu'elle n'arrive pas vide au dernier. Cet usage signifie
qu'une égalité absolue, sans distinction de rang ou de personne, doit régner parmi les
convives, et qu'ils sont unis dans une parfaite amitié. Vient ensuite le breuvage clair ; cette
fois, chacun vide entièrement la tasse et la remet au maître de la maison, qui la remplit de
nouveau pour le voisin.

La conversation ne peut, conformément aux règles établies, avoir pour sujet que la
cérémonie même ; on doit en écarter tout ce qui s'éloigne de la vérité, jusqu'aux compli-
ments, et apporter dans ces réunions un cœur pur et un esprit sincère. Il est probable que
Taïko Sama, en attachant une telle importance aux parties de thé, avait en vue d'éveiller
des sentiments pacifiques parmi les classes nobles de la population, qui depuis longtemps
s'étaient fait une habitude des guerres civiles, et en même temps de rapprocher des gens
de partis différents dans des circonstances propres à apaiser les ferments de discordes
nouvelles. C'est un fait non moins digne de remarque qu'il choisit avec beaucoup de
sagacité les ustensiles affectés à ces petites fêtes pour en faire la récompense d'actes méri-
toires, au lieu de cadeaux plus solides, tels que domaines et sommes d'argent. La cérémonie
du *Chanoyou* a perdu quelque peu de son importance ; toutefois, elle est encore célébrée de
temps à autre, et des experts (*chadjin*) en enseignent la pratique, selon les prescriptions de
l'étiquette et jusque dans les plus infimes détails.

On rapporte que, bientôt après s'être fixé à Kioto, Ameya changea son nom en celui de
Sasaki Sokéi ; avec l'aide de Taraka Tchodjiro, son fils, il fabriqua des tasses à thé et autres
articles, connus aujourd'hui sous la qualification de *kiyo-yaki* d'Imarakou. Le héros Taïko
Sama en faisait un si grand cas qu'il donna au fils de Sasaki un cachet d'or, avec la devise
gravée de *rakou* (joie), et lui enjoignit d'en marquer l'empreinte sur ses ouvrages ; c'est de
là que le nom leur en resta. Durant onze générations, la famille continua la fabrication des
articles *rakou*, mais le second Tchodjiro ayant perdu le sceau du siogoun, chacun de ses
successeurs en choisit un pour son propre usage. Un d'entre eux, Tanniou, qui était le
dixième, reçut du prince de Kii un sceau particulier, et depuis on a constaté dans les
empreintes qui suivirent de légères différences : ainsi la devise est entourée tantôt d'un
cercle, tantôt de deux.

Les descendants de Sasaki sont au nombre de onze, à savoir : 1° Tchodjiro Ier ;
2° Tchodjiro II ; 3° Nonko ; 4° Itchiniou ou Sahéi, 5° Soniou ; 6° Saniou ; 7° Tchoniou ;
8° Tokoniou ; 9° Riyoniou ; 10° Tanniou ; 11° Kitchizayémon, qui vit encore.

La variété *rakou* présente bien moins d'intérêt à l'artiste qu'à l'antiquaire ; presque
toujours elle est sommairement empotée à la main, en grès ou d'une faïence commune,
chaque pièce cuite à part et couverte de vernis monochromes, dans la composition desquels
le plomb entre fréquemment. L'attrait particulier qu'on y trouve consiste dans le poli et le

moelleux du vernis ainsi que dans l'agréable parfum qu'y prend le thé ; cette variété jouit aussi de la propriété de conserver les liquides chauds un assez long temps. Elle n'embrasse guère que les accessoires nécessaires à la cérémonie du *Chanoyou*, comme tasses, plats, porte-serviettes, etc.; nous avons reproduit dans la planche XXV un brûle-parfums en forme de bateau, un flacon et deux tasses. Quelquefois les *rakou* sont incrustés de laque ; on en fabrique du reste ailleurs qu'à Kioto : Kaga, Tokio, Owari et Setsou en produisent également, qui n'ont rien de remarquable.

Jusqu'aux premières années du présent siècle, la porcelaine de Kioto était inférieure en qualité à celle du Fizen et d'Owari. Ce fut en 1670 qu'Otowaya Kourobi introduisit cette industrie à Chawangaha (province de Yamachiro) ; plus tard, en 1750, les potiers qui travaillaient dans les districts de Kiyomidzou et de Godjozaka (province de Kioto) commencèrent à faire de la porcelaine; enfin, en 1800, plusieurs fabricants, entre autres Takahachi Dohachi, Ouaka Kitéi et Midzou Kochi Yosobi, se mirent à imiter les articles du Fizen et d'Owari, avec de l'argile provenant d'Idsoumi-yama (district du Fizen). De grands progrès ont été faits depuis cette époque, et nous savons qu'il existe actuellement vingt-et-un fours en activité dans les localités mentionnées plus haut, à savoir : quinze à Godjozaka et six à Kiyomidzou.

Les articles fabriqués sont en général de dimensions restreintes, et de fait nous n'en connaissons pas qui excèdent 0^{m}45 de hauteur, bien différents sous ce rapport des vases du Fizen et d'Owari, parfois hauts de 2^m à 2^{m}50 ; ils consistent en vases, plaques, *hibatchis*, services à thé et autres objets domestiques. Jusqu'à une époque récente, les fabricants, sauf un ou deux, se contentèrent de décorer leur porcelaine en bleu, et ils avaient acquis une légitime réputation par l'indépendance et la grâce de leurs dessins, non moins que par l'éclat et la pureté du cobalt qu'ils employaient. Parmi ceux qui exploitent ce genre, nous citerons Chimidzou Chitchibéi, Chimidzou Rokouzo, Chimidzou Dohatchi, Chimidzou Kisoui, Chimidzou Boumppéi, Kanzan Denchitchi, Séifou Yohéi, Machimidzou Zorokou et Marouya Sahéi.

En ces derniers temps, on a eu recours aux émaux de couleur, mais sans résultat bien satisfaisant. Il convient néanmoins de faire une exception pour les ouvrages de Yéirakou, établi à Godjozaka : qu'on examine ses porcelaines à émaux de couleur, ses *sometsouki*, sa poterie ou sa faïence, tout est digne d'être admiré sans restriction. On en pourra juger d'après les modèles contenus dans la planche XXXVIII. Le représentant actuel de la famille se nomme Tokousen Yéirakou, treizième descendant de Zengoro, qui inventa des procédés spéciaux dont on se sert encore ; il soutient d'une façon brillante le vieux renom de ses ancêtres.

Le nom de Yéirakou a été pris par Riozen, de la dixième génération, qui, en 1800, découvrit le moyen d'imiter les travaux des anciens céramistes chinois, surtout ceux à dessins d'or sur fond rouge vif. La beauté de ses produits excita l'admiration d'un membre de la famille Tokougawa, qui donna à Riozen le nom de *Yéirakou* (joie éternelle), et ce nom resta dans la suite celui de la famille. Riozen appela son décor rouge et or *kinrandi* du mot *kinran*, qui signifie brocart d'or, de même que *nichikidi*, dénomination sous laquelle on désigne au

Fizen la porcelaine peinte en plusieurs couleurs, vient de *nichiki*, soie riche en fleurs et en nuances. Le *kinrandi* n'est d'ailleurs qu'un des nombreux procédés décoratifs mis en pratique par la famille Yéirakou. On lui est encore redevable des perfectionnements apportés dans l'industrie de Kaga et d'Owari : en effet, le père du représentant actuel se rendit d'abord à Kaga, puis à Owari, pour améliorer l'éducation des peintres de ces deux provinces ; et, de plus, c'est au onzième Zengoro qu'il faut, dit-on, rapporter l'introduction, de la Chine au Japon, de ce beau rouge, dit *bengara*, qui ajoute tant de charme aux peintures de Kaga, et dont l'emploi est fréquent dans le décor *kinrandi*.

Bien que nous ayons sur l'industrie des districts de Kiyomidzou et de Godjozaka des renseignements assez maigres et peu concluants, nous pouvons renvoyer aux figurines faites vers 1820, par Takahachi Dohatchi, et dont il y a quelques exemples au musée de South Kensington et dans la collection Bowes. La plupart du temps, ces figurines sont en faïence, aux brillantes couleurs, modelées avec beaucoup d'entrain et de talent ; celles en grès ne montrent pas moins d'habileté, témoin le Djirodjin de la planche LI. Les statuettes et les groupes qni figurent sur les planches XXXVII et XLII pourraient aussi relever des mêmes localités, mais, comme elles ne portent aucune marque de fabrique, on n'en saurait parler avec certitude. La même observation est applicable au *koro* et aux *hibatchis* de la planche XLI. On imite à présent le genre *kinrandi* ; la plupart des pièces que possèdent les amateurs, et attribuées à Yéirakou, sortent de l'atelier de Kanzan Denchitchi, qui imite également l'incrustation des métaux avec des applications d'or sur fond brun mat. A notre avis, on peut à coup sûr prétendre que les curieux ouvrages céramiques soumis aux formes les plus bizarres et émaillés de la façon la plus excentrique, comme il en est venu parfois en Europe, émanaient des usines de Kiyomidzou et de Godjozaka. Une coupe de cette espèce a été reproduite planche XXXVIII.

Arrivons au district d'Awata, dans lequel, ainsi que nous l'avons vu, l'industrie porcelainière a été établie en 1650 par Ninséi ; elle n'a cessé depuis d'y être florissante. C'est de là qu'on a expédié les immenses quantités de faïence qui, durant les dix ou douze dernières années, ont inondé les marchés d'Occident ; le fait est constant aujourd'hui, et pourtant certains collectionneurs les croient encore originaires du Satsouma. A l'époque des premières relations avec le Japon, alors que le véritable Satsouma était connu et apprécié, les marchands, ne pouvant plus suffire aux demandes, s'avisèrent d'envoyer comme tels des articles d'Awata. Maintenant il est très-facile de prononcer entre les deux provenances. Le Satsouma est assez grossièrement façonné, et le corps en est, en général, dur et d'un blanc grisâtre ; l'Awata, au contraire, est travaillé avec grand soin, d'un grain doux et menu, d'une nuance chaude et crémeuse ou jaune pâle ; le vernis qui le revêt est plus mince et plus finement craquelé que celui du Satsouma.

Les plus vieilles pièces en faïence d'Awata sont, pour la plupart, des *hibatchis*, des tasses à thé, des cassolettes, et autres petits objets ; le décor en est très-simple, comme armoiries, rinceaux, branches de feuillage. Quant aux pièces modernes, surtout celles destinées à l'exportation, elles reçoivent un décor plus abondant : on y représente des motifs floraux et de convention, des cigognes, des tortues, des oiseaux, des symboles de différentes sortes, en or et émaux de couleur, unis et en relief, avec des teintes souvent éclatantes; cette variété-là comprend, en général, des vases, des assiettes et des figurines, et, ce qui est le plus récent exemple, des plateaux et des services à thé à l'usage des Européens.

Aujourd'hui l'industrie porcelainière est exercée par dix ou douze familles, qui ont chacune leur four et travaillent à part; on dit qu'elles suivent encore les méthodes de leurs ancêtres dans la préparation de la faïence et du vernis. Les principaux fabricants sont : Kin Kozan, appelé quelquefois Nichiki Kosan; Tanzan et Hozan, qui descendent des premiers potiers; Taïzan, Iwakourazan, Matsmoto et Tsoudji.

Les demandes de l'étranger ont jusqu'ici été alimentées presque exclusivement par Taïzan, Tanzan et Kin Kozan, et en partie par Matsmoto et Tsoudji; mais ce sont les trois premiers qui continuent d'envoyer les énormes quantités d'articles communs fabriqués tout exprès pour l'exportation. Cependant, on connaît dans les collections d'amateurs d'autres ouvrages de ces industriels, plus anciens et de meilleur goût; nous en avons reproduit quelques-uns, par exemple, deux *hibatchis* (planche XXXVI), qui sont de Taïzan; des assiettes (planche XXXIX), de Tanzan[1]; et des porte-bouquets (planche XLIII), de Kozan. Tout cela a été peint à Kioto. Des articles d'origine plus récente ont été illustrés dans les planches XLIII et XLIV.

Ce n'est pas chose inusitée chez les potiers d'Awata de faire décorer leurs produits à Tokio (Yédo); l'on en peut voir des preuves dans les vases de la planche XXXV, dans le bassin de la planche XXXVI et dans plusieurs pièces de la planche XLIII.

Tout ce que nous venons de dire se rapporte à la faïence crémeuse, le plus connu des articles d'Awata en Occident; néanmoins, nous avons lieu de penser qu'il en est sorti, jadis comme à présent, un grand nombre d'autres. Il y en a quelques-uns dans la planche XXXVIII, un vase notamment, œuvre de Taïzan, d'une forme élégante, couvert de dessins or sur fond brun, ressemblant, à s'y méprendre, à une incrustation de ce métal. On y trouvera aussi un pot à eau, en argile d'un grain serré, avec des sujets de fleurs en haut-relief d'émail, ou, pour mieux dire, avec des fleurs qui émergent d'un fond émaillé en relief; c'est l'œuvre de Kozan, et il porte les marques d'une antiquité vénérable. La même planche contient un *hibatchi*, chamois et or, rehaussé d'émaux bleus et verts; cette sorte de faïence est tenue en grande faveur chez les Japonais; la planche XLIV en fournit un second exemple. Nous aurions pu, si l'espace nous l'avait permis, donner encore beaucoup de spécimens de l'industrie des anciens potiers d'Awata.

Quant aux produits d'Iwakourazan, de Hozan et des autres fabricants de ce district, nous en avons vu si peu qu'il n'est pas possible d'en parler avec quelque autorité. Faisons pourtant remarquer que nous avons rencontré des faïences laquées et des faïences cloisonnées dont les interstices étaient remplis de pâte d'émail tendre. Enfin, nous ajouterons que le seul industriel d'Awata qui fasse de la porcelaine, est Tanzan, mais ses tentatives n'ont pas assez pris d'importance pour être l'objet d'une mention spéciale.

---

[1] Dans la légende on les a, par erreur, données à Taïzan.

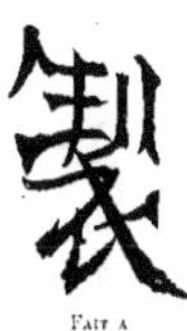

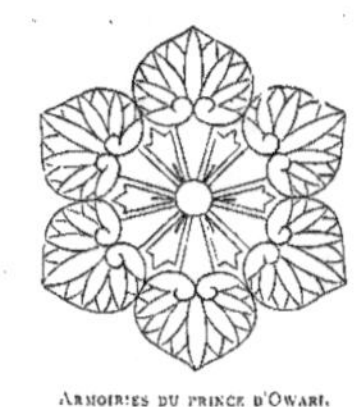

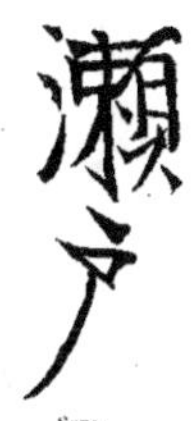

FABRIQUE D'OWARI.

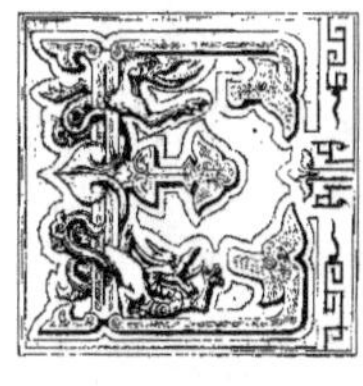

N se reportant à la tradition, l'art du potier remonterait à l'an 920 dans la province d'Owari, mais on ne trouve sur ce sujet de renseignements précis qu'au début du xiiiᵉ siècle. A cette époque furent établies, à Seto, des fabriques qui subsistent encore, et l'industrie dut y atteindre des proportions considérables, puisque les mots *Seto-mono*, c'est-à-dire ouvrage de Seto, ont eu cours de bonne heure dans tout l'empire pour désigner toute espèce de poterie.

Seto est une ville de l'intérieur, située à une vingtaine de kilomètres du port de Nagoya, la plus importante localité d'Owari. Ce fut là, qu'en 1225, à son retour de la Chine, où il avait été apprendre son art, se fixa Kato Chirozaïmon, mieux connu sous le nom de Tochiro. L'industrie nouvelle qu'il apporta se trouve encore entre les mains de ses descendants, qui comptent au rang des premiers potiers du Japon.

On possède en Angleterre beaucoup de pièces qui passent pour avoir été faites depuis le xiiiᵉ jusqu'au xviiiᵉ siècle ; il en existe au musée de South Kensington et chez des particuliers. Ce sont des tasses et des pots à mettre de l'encens ou du thé en poudre : elles excèdent à peine quelques centimètres de hauteur. Dans le nombre il y a les *Kara-mono* et les *Ko-Seto*, attribués à Tochiro et à ses successeurs immédiats, et ainsi dénommés, les premiers d'après l'argile apportée de Chine, les seconds d'après celle trouvée à Seto même. D'autres variétés sont dites *Djenpin, Seto-Souki, Seto-Kouro* et *Chino,* d'après ceux qui les ont vantées ou créées ; *Ki-Seto* ou Seto jaune, d'après la nuance du vernis ; et *Oribi,* du nom d'une ville où un four est en activité.

Bien que ces produits multiples aient rencontré force admirateurs au Japon, ils n'offrent aucun intérêt sous le rapport de l'art. Grossièrement façonnés en faïence ou en grès, vernis totalement ou en partie, ils n'ont point d'ornements, et ceux qu'ils admettent à l'occasion sont barbares. Le Fizen fit des progrès bien plus rapides, dont l'influence a dû s'étendre jusqu'à la province d'Owari; quoi qu'il en soit, les potiers d'Owari ne commencèrent à rivaliser avec leurs voisins qu'à une époque relativement récente.

Outre les articles dont nous avons parlé, il est probable qu'on fabriqua également jusqu'à notre siècle une porcelaine de basse qualité. On lit, en effet, dans un rapport du gouvernement, qu'en 1800 un descendant de Tochiro, nommé Kato Kitchiyaïmon, voulant se rendre compte des procédés en usage dans les usines d'Arita, envoya son frère Tamikitchi au Fizen, afin d'y obtenir les informations qu'il désirait. Ce fut seulement en épousant la veuve d'un potier d'Arita que celui-ci put réaliser son dessein. Après avoir passé quatre années au Fizen, il retourna dans son pays, et, ayant découvert à Seto les matériaux qui lui étaient nécessaires, il introduisit une amélioration notable, non-seulement dans les procédés, mais dans la décoration. Ainsi s'établit la prééminence acquise depuis à Seto dans la production de la porcelaine décorée en bleu sous vernis, dite *sometsouki*, et formant le gros du commerce d'Owari.

Parmi les fabricants qui exercent à Seto, nous citerons : Hansouki, Gorobéi, Gosouki, Gantaro, Chidjesero, Kichitaro, Kendjiou, Djioukitchi, Matsouzaïmon, Kanchiro, Monzaïmon et Handjen, membres de la famille Kato et descendant tous de Tochiro. Il y en a encore beaucoup d'autres, dont les plus marquants sont Kawamoto Hansouki et Kawamoto Masoukitchi, qui tiennent une place éminente. Le premier des deux jouit de la plus haute réputation au Japon; mais, quoique ses œuvres soient décorées avec beaucoup d'attention et de goût, elles ne l'emportent pas à cet égard sur celles du second, qui ont des dimensions plus grandes. Masoukitchi est digne du premier rang, selon nous, et comme potier et comme artiste. Les larges plaques qu'il a exposées à Vienne en 1873 sont de parfaits modèles, soit pour la façon, soit pour le décor. Il est tout à fait impossible dans une description de rendre pleine justice à ces chefs-d'œuvre; le savoir-faire déployé dans la préparation et l'heureuse mise en feu de semblables surfaces surpassent tout ce qu'on a vu jusqu'ici en Europe; elles sont admirablement planes et droites, sans tressaillure d'aucune sorte. La porcelaine, couverte d'un fin et brillant vernis, est de la qualité la plus pure et la plus translucide. Le décor, en bleu très-riche et habilement gradué pour répondre aux exigences de chaque motif, consiste en paysages, oiseaux et fleurs, d'une touche hardie dans les grandes lignes et délicate dans le détail. Plusieurs de ces plaques font partie de la collection Bowes; celle que nous avons reproduite (planche XLV) servira, quoique imparfaitement, à donner au lecteur une idée de leur excellence[1].

A l'Exposition de Vienne, Matsoukitchi, Hansouki et divers membres de la famille Kato avaient envoyé beaucoup d'articles *sometsouki*, maintenant très-répandus en Europe. On les trouve d'ordinaire sous la forme de services à thé, services de table, vases, assiettes et plaques; ils sont ornés de damassé, de feuillage, de fleurs et de poissons, d'araignées, de scarabées, de guêpes et autres insectes, de tortues, et quelquefois de figures humaines.

---

[1] Dans la légende de cette plaque on a estropié le nom du fabricant : au lieu de *Kawamota Shokichi*, il faut lire *Kawamoto Masoukitchi*.

On fabrique pareillement à Seto, et en abondance, des porte-bouquets ronds, en porcelaine épaisse, partiellement revêtus d'un vernis bleu très-intense ; on y modèle en relief, dans l'émail de la porcelaine, des cigognes, des fleurs et des marines (*voyez* planche XLVII).

Les artistes d'Owari ont dernièrement introduit dans le décor une variété d'émaux de couleur (rose, vert et rouge, nuances d'Europe) ; mais ces essais sont loin d'être satisfaisants (*voyez* planche XLVI), et demeurent au-dessous du décor *sometsouki*, dans lequel Seto n'a point de rivaux. Plus récemment encore, l'influence européenne s'est manifestée par une imitation du style grec due à Kato Chidjezero ; le même potier a essayé différents mélanges de brun et de bleu, qui ont amené d'assez beaux effets. Le genre *kinrandi* est pratiqué par un membre de la famille Yéirakou, mais non avec autant de bonheur que par son parent de Kioto. L'on a réussi à reproduire l'incrustation métallique avec des applications d'or et d'argent sur des imitations de bronze et de fer.

Il passe en Occident, sous l'étiquette d'Owari, de la porcelaine coquille d'œuf, sous forme de petites coupes à *saki*, dont la couverte extérieure est finement clissée en tiges de bambou ; elle vient surtout de la province limitrophe de Mino, dont c'est la principale industrie. Envoyée d'abord à Tokio pour y recevoir la décoration artistique, et de là ensuite dans la province de Sarouga pour la garniture clissée, elle est finie au Mino avant d'être expédiée sur les marchés de l'Europe.

L'art du cloisonnage des émaux appliqué à la porcelaine est d'hier, puisqu'il ne date que de 1870, où il fut pratiqué à Nagoya. Un peu auparavant, c'est-à-dire après la révolution qui, en 1868, renversa le taïkoun et commença la dissolution de l'ancienne civilisation japonaise, les superbes spécimens d'émaux cloisonnés sur cuivre, conservés jusqu'alors dans les habitations princières, virent le jour et inspirèrent aux artisans d'Owari l'ardent désir de les imiter. L'expérience fut tentée à Nagoya sur des couches de cuivre mince et aussi de porcelaine. D'après le premier procédé, l'on fit de grands vases et des assiettes, qui furent exportés en Europe ; mais on ne tarda pas à reconnaître l'impossibilité de reproduire exactement les merveilleux ouvrages des artistes du moyen âge, et l'entreprise s'arrêta. Cependant elle fut reprise à Tokio, où elle se continue, avec le concours d'artistes français ; là, on opère sur des couches de fonte, de cuivre et de laiton, selon la méthode chinoise, et l'on colore à l'européenne, sans s'inquiéter autrement des vieux types nationaux. D'autre part, le procédé d'émaillage sur porcelaine est exploité en grand, et à l'Exposition universelle de 1878 à Paris, il y en avait beaucoup d'exemples (vases, bols, plaques, etc.). Les pâtes en usage sont tendres et vitrifiées à une température bien plus basse que celles dont on se servait jadis pour les fonds de cuivre. Les dessins qu'on y applique représentent en général des oiseaux, du feuillage et des gaufrures ; des cloisons de laiton ou de métal en fixent les contours, et les couleurs s'enlèvent brillamment, sur fond bleu d'habitude, au lieu d'être mates et étouffées comme autrefois. Le principal fabricant en ce genre est Takioutchi Chioubéi.

Voici une autre méthode d'appliquer les émaux cloisonnés à la porcelaine : en place de fondants vitreux, on emploie la laque pour le remplissage. Nous ne savons si elle est pratiquée à Nagoya ou à Seto, mais nous en avons sous les yeux un excellent spécimen : c'est un plateau fort grand, ouvrage d'Acano Zitéi (collection Bowes); le remplissage a été fait avec des laques très-riches, mais d'un ton adouci, vertes, brunes, rouges et argent.

A Nagoya l'on fabrique une variété dite *toyosouki*, du nom d'Hoki Toyosouki, l'inventeur; elle comprend des assiettes, des vases, des boîtes à bonbons et menus objets d'un usage courant. C'est une faïence chamois clair, dont la surface est, tantôt tout entière, tantôt en partie, plaquée au dehors de laque noire ou d'un vert sombre, et au dedans d'un vernis opaque craquelé, éclaboussé par places de bouillons d'émail vert, ou supportant des gerbes ou des corbeilles de fleurs vivement esquissées; le revêtement de laque est orné de dessins variés en or, argent et couleurs. Toyosouki moule aussi avec beaucoup de verve des statuettes de génies domestiques, sans y employer de laque toutefois.

Au village d'Inaki, tout près de Nagoya, est bâtie l'usine d'Inouyama, où l'on travaille un grès grisâtre sous couverte d'un épais vernis blanc et opaque; on le décore d'arbres et de feuillage, peints sur vernis en couleurs d'un éclat singulier (vert, brun et rouge vif). Cette usine a été fondée au commencement du siècle; ses premiers ouvrages (*voyez* planche XXV) sont très-supérieurs à ceux d'aujourd'hui.

D'autres usines fonctionnent à Tokonaki, sur la côte, et à Akazou, à trois kilomètres environ de Seto. La première fabrique des pots à fleurs et des flacons à *saki*, en grès rougeâtre, non verni; en certains cas, la décoration (oiseaux ou arbres) en est sommaire, tandis qu'en d'autres la surface est laquée et émaillée çà et là de noir comme une peau de requin. Dans la seconde usine, on travaille le grès et une faïence tendre, et il en sort des figurines symboliques, historiques et légendaires; nous lui avons emprunté celle d'Hotéi (planche LI), remarquable par un sentiment vigoureux, quoique un peu vulgaire.

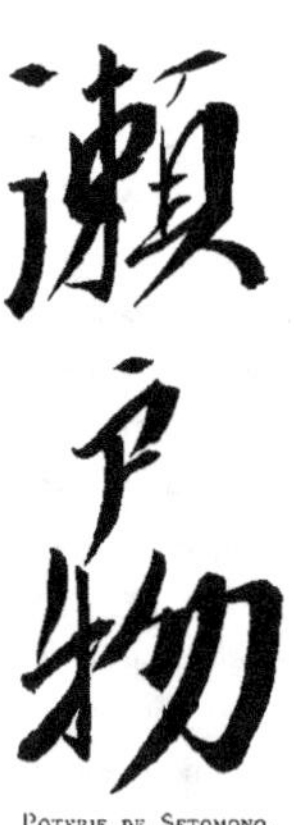

Poterie de Setomono.